Belo Horizonte
Campo Grande
Paraguai
PARAGUAY
Rio de Janeiro
São Paulo
Lago del Rio Yguazu
Ponta Grossa
Asunción
Curitiba
Foz do Iguaçu
Iguazu-Wasserfälle
Rota do Sol
Porto Alegre
Pelotas
Rio Grande
Rosario
URUGUAY
Paraná
Buenos Aires
Rio de la Plata
Montevideo
Bahia Blanca
Bahia Blanca
ATLANTISCHER
OZEAN
San Martias
Península Valdés
Punta Cantor
rto Pirámides
Rivadavia
ián
te Luis Piedrabuena
West Falkland
East Falkland
gos
Falkland Islands
Grande
Ilsa de los
Tierra del Fuego
Isla de los Estados
uaia
ap Hoorn

Irgendwann ist irgendwann zu spät

Mut bedeutet nicht,
keine Angst zu haben,
sondern es trotzdem zu tun.
Autor unbekannt

NATIONAL GEOGRAPHIC

ARMIN & MARCO THALHOFER

Irgendwann ist irgendwann zu spät

WARUM VATER & SOHN DAS GROSSE MOTORRADABENTEUER WAGTEN UND WIE ES SIE VERÄNDERTE

Inhalt

Furchtbar staubige Piste aus Vulkanasche in der Nähe des Lonquimai. Wir mussten mit weitem Abstand fahren, da durch den aufgewirbelten Staub kaum eine Sicht für den Hinterherfahrenden blieb.

Majestätisch erhebt sich das rund 20 Kilometer breite und bis zu 2884 Meter hohe Massiv der Bergkette Cordillera del Paine in den südlichen Anden Chiles, 280 Kilometer nördlich von Punta Arenas.

CRAFT

Wenn die Abenteuerlust über den Zweifel siegt

Sonntagmorgen, sonnig, aber kalt im November 2017. Ich wachte auf und hatte ein Lächeln im Gesicht, streckte meine Faust nach oben und rief laut: »Tschakka, ich schaff das!« Ich sprang aus dem Bett und tanzte förmlich freudestrahlend durch meine kleine Wohnung, startete die Kaffeemaschine und genoss lächelnd einen Espresso in der wärmenden Morgensonne auf meinem Balkon.

Tags darauf, Montag, 7.30 Uhr. Der Wecker klingelte, ich schaltete mehrmals auf »snooze«, bevor ich total frustriert aufstand mit dem Gedanken »Das geht nie gut. Ich kann das nicht, ich werde das wahrscheinlich nicht überstehen.«

So ging das nun schon seit mehr als zwei Monaten. Seit meiner Trennung ein Jahr zuvor, kurze Zeit nach meinem 50. Geburtstag, war ich an einem Punkt angelangt, an dem ich mir immer öfter die Frage stellte: »War's das jetzt?«

Alles, was meine letzten 30 Jahre prägte, war Geschichte. Wie sollte mein weiteres Leben nun verlaufen? Ich hatte in meinem unmittelbaren Umfeld niemanden, der mir mit seiner Erfahrung weiterhelfen konnte. Ich war mir aber ziemlich schnell darüber im Klaren, dass es das nicht gewesen sein kann. 50 ist zu jung, um zu resignieren! Und mir wurde immer mehr bewusst, dass alles, wonach ich die letzten Jahre strebte, von Karriere über den dicken Dienstwagen bis hin zum schicken Eigenheim, mich nicht dauerhaft glücklich machte.

Und so erwachten nach und nach alte Erinnerungen an meine aktive Motorradzeit, die nach einem Unfall nun schon fast zehn Jahre zurücklag. Ich kramte alte Bilder und Dias hervor, schwelgte in Erinnerungen und bekam immer mehr Lust auf Reisen mit dem Motorrad. Ich kaufte mir also spontan eine Maschine und war bereits nach wenigen Kilometern wieder von diesem Motorradvirus infiziert.

Mitten durch die imposanten Iguazú-Wasserfälle verläuft die Grenze zwischen Argentinien und Brasilien – definitiv ein lohnender Umweg von rund 3000 Kilometern für das erste Highlight unserer Reise.

Wir mussten oft schwierige Strecken überwinden, um in den Genuss solcher unfassbaren Ausblicke, wie hier in Argentinien (oben) zu kommen. Manchmal konnten wir uns nicht mehr auf dem Motorrad halten (unten).

Als ich im August 2017 nochmals mit meinem Wohnwagen nach Süditalien reiste, wurde mir Tag für Tag mehr bewusst, dass ich, was mein bisheriges Leben anbetraf, einen radikalen Schnitt machen musste. Mich belasteten zunehmend Erinnerungen und frühere Zukunftspläne. Mein Job, auf den ich jahrelang hingearbeitet hatte, war in der aktuellen Situation ebenfalls nicht mehr die Erfüllung. Nachdem ich dann noch zwei Bücher von einem Weltreisenden-Paar mit ihren Motorrädern gelesen hatte, spukte die Idee zu einer größeren Reise immer häufiger in meinem Kopf herum. Schnell verfestigte sich diese zu einer Weltreise, und mir wurde klar, dass ich dann auch meine bisherige Lebensbühne komplett kippen musste – und auch wollte.

Als ich dann meinen Sohn – als Ersten überhaupt – in meine Hirngespinste einweihte und dachte, er würde meine Bedenken bestätigen (zu alt, so einen Job gibt man nicht auf, Sprachkenntnisse und Erfahrung reichen nicht aus, und, und …), kam ganz spontan: »Voll geil! Wenn nicht jetzt, wann dann? Keine Frau, keine kleinen Kinder, kein Hund, kein Haus, keine großen Verpflichtungen, und Motorradfahren kannst du auch .«

Wie recht er doch hatte …, eigentlich!

In den darauffolgenden sieben Monaten fuhren meine Gefühle Achterbahn. Abenteuerlust und große Zweifel an der Machbarkeit wechselten sich fast täglich ab. Immer wieder trieb mich die Sorge um meine betagten Eltern und meinen vermeintlich sicheren Job um. Die »Tschakka, ich schaff das!«-Momente wechselten sich immer wieder ab mit »Das geht nie gut. Du kannst das nicht. Du bist noch nie so lange und vor allem allein unterwegs gewesen. Du hast noch nie ein Visum beantragen müssen, du wirst das (wahrscheinlich) nicht überstehen …« Vielleicht sollte ich doch erst wieder langsam anfangen, mit dem Motorrad zu verreisen und irgendwann dann mal …?

Mehrere Bücher anderer Weltreisender, Vorträge und intensive Gespräche mit meinem Sohn sowie meinem besten Freund, den ich ebenfalls schon sehr bald in meine Pläne eingeweiht hatte, ließen meine Zweifel zusehends schwinden, und die Abenteuerlust gewann mehr und mehr die Oberhand.

Am 24. April 2018, dem Tag, an dem ich die letzte »Verbindlichkeit« aus meinem alten Leben geregelt hatte, traf ich meine Entscheidung. Innerhalb eines Jahres wollte ich starten, denn mir war bewusst: IRGENDWANN ist irgendwann zu spät!

Armin Thalhofer,
im Mai 2021

Die Iguazú-Wasserfälle erstrecken sich über 2,7 Kilometer und bestehen aus mehreren hundert Kaskaden, die bis zu 82 Meter breit und 64 Meter hoch sind. Sie gehören zu den sieben Weltwundern der Natur.

Der Südosten

Unendliche Weiten

adidas

Die Spannung steigt

10. Oktober 2019, Buenos Aires, Aeropuerto Internacional Ministro Pistarini gegen 13 Uhr. Gespannt verfolgte ich auf der Anzeigentafel die Landung des Fluges aus Toronto, an dem Marco an Bord war. Mehr als ein halbes Jahr war seit meiner Abreise in Krumbach vergangen, als er mich noch bis zum Reschenpass begleitet hatte und sich unsere Wege dann trennten. Nach der Durchquerung Afrikas freute ich mich wahnsinnig darauf, ihn wiederzusehen und mit ihm gemeinsam die nächsten fünf bis sechs Monate Südamerika zu erkunden. Ich war mir im Vorfeld bereits sicher, dass das die beste Zeit meines bisherigen Lebens werden würde.

Marco war der größte Motivator für meine Weltreise, und von Beginn an war geplant, dass er mit mir mal ein paar Wochen auf dem Soziussitz mitfahren würde. Als er mich mit seiner Idee überraschte, dass wir doch nach seinem Bachelor-Studium gemeinsam Südamerika bereisen könnten, war mir rasch klar, was für eine einmalige Chance sich uns da auftat. Aber konnte ich mir da wirklich so sicher sein?

Wir hatten schon einiges gemeinsam als Vater-Sohn-Gespann erlebt: angefangen von ersten Fahrten auf meinem Motorrad, als er noch so klein war, dass ich ihn zwischen mich und den Tank setzen musste, über die erste Zeltnacht mit Lagerfeuer im Garten, unzählige Skitage sowie gemeinsame Mountainbike-Rennen und -Touren bis zu einer viertägigen Alpenüberquerung.

Aber ein halbes Jahr lang 24 Stunden, sieben Tage die Woche, unter voraussichtlich nicht immer einfachen Bedingungen? Wir hatten beide unseren eigenen Kopf, mal mehr, mal weniger. Zudem verfügte er über keinerlei Motorrad-Reiseerfahrungen, hatte er doch seinen Führerschein erst ein halbes Jahr vor meinem Start gemacht.

Erste Erfahrungen sammelte Marco bereits auf dem Tank meiner GS (unten), später auf seinem eigenen Holzmotorrad (li.). Auch im Zelten war er (3 v. l.) früh geübt, wenn auch anfangs nur im Garten (re.).

Dennoch war ich mir sicher, dass wir das meistern würden. Dessen war ich mir spätestens eines Abends im November vor meiner Abreise sicher. Nach einem leckeren Essen, dass wir gemeinsam zubereiteten und ein paar Bier, beichtete ich ihm, dass meine Weltreise finanziell auch zulasten seines Erbes gehen würde, da ich meine bisherige Altersvorsorge nun sozusagen »verreisen« würde. Spontan antwortete er: »Was ist schon Geld? Das ist irgendwann mal weg, ohne bleibenden Wert, aber von unserer Reise kann ich meinen Enkeln noch erzählen!«

Nun war es endlich so weit, und ich strahlte wie ein kleines Kind an Weihnachten, als sich endlich die automatischen Schiebetüren in der Ankunftshalle öffneten und er mir lächelnd gegenüberstand, wir uns in die Arme schlossen und ich im ersten Moment mit tränenerstickter Stimme nicht mehr herausbrachte als ein »Schön, dass du endlich da bist«, und »Mensch, bist du groß geworden«.

Ohne Motor, dafür mit Muskelkraft, überquerten wir 2011 auf unseren Mountainbikes die Alpen von Oberstdorf nach Meran, unter anderem das 3120 Meter hohe Madritschjoch.

Mein Vater im Zelt

Ein halbes Jahr zusammen mit meinem Vater. Sieben Tage die Woche. 24 Stunden am Tag. Ob das wohl gut ginge? Natürlich schossen mir solche Gedanken durch den Kopf, als wir die Reise zusammen planten. Ja sogar schon, als die Idee einer gemeinsamen Reise das erste Mal aufkam. Mein Plan war eigentlich, allein mit Rucksack und Zelt per Anhalter durch Südamerika zu reisen. Die Möglichkeit, so lange mit meinem Vater unterwegs zu sein und dabei sogar ganz abgelegene Orte selbst mit dem Motorrad zu erkunden, ließ mich meinen ursprünglichen Plan jedoch schnell verwerfen.

Irgendwie hatte ich es im Gefühl, dass es gut werden würde. Ich weiß nicht, woher diese Sicherheit kam, denn Papa und ich hatten uns früher schon des Öfteren mal in die Haare gekriegt. Meistens waren es Kleinigkeiten, zum Beispiel wenn ich wieder einmal mein Geschirr nicht in die Spülmaschine geräumt oder vergessen hatte, das Garagentor zu schließen.

Deshalb grübelte ich schon manchmal, wie es denn werden würde, wenn auf der Reise etwas nicht passt. Hinzu kam, dass ich mir meinen Vater, den ich fast nur als Anzug tragenden, oftmals gestressten Geschäftsmann kannte, beim besten Willen nicht irgendwo in der Wildnis, unter widrigen Bedingungen und im Zelt schlafend vorstellen konnte.

Doch genau das machte für mich den Reiz an der Sache aus. Ich war mir sicher, dass es da noch eine andere Seite an meinem Vater gab: nämlich den Armin, der als Jugendlicher auf dem Mofa durch sein Heimatdorf düste, mit dem Motorrad Marokko erkundete und bei Motorradtouren nach Island und ans Nordkap schon einige eisige Zeltnächte überstanden hatte. Diese Neugier, mit meinem Vater solch ein Abenteuer und damit auch ihn neu zu erleben, war für mich Grund genug, diese gemeinsame Reise anzutreten. Ich sollte nicht enttäuscht werden, denn vor uns lag eine unfassbar intensive und aufregende Zeit.

Startschwierigkeiten

Allen Unkenrufen zum Trotz bekamen wir Marcos »Moped« noch am selben Nachmittag ohne Schmiergelder und Schikanen aus dem Zoll, nicht ohne zuvor mit einer ersten »cerveza« auf unser Wiedersehen anzustoßen. Bestens durch die deutsche Spedition präpariert mit den notwendigen Papieren und einer problemlosen Abnahme durch den Zollbeamten, jedoch um rund 700 US-Dollar für Transport und Lagerung innerhalb des Flughafens leichter, verließen wir nach gut zwei Stunden den Cargobereich. Unser Hostel, in dem wir die ersten beiden Nächte verbringen wollten, lag zwar ein Stück außerhalb des Stadtkerns, dafür aber in der Nähe des Flughafens. So perfekt Marcos Spediteur in Deutschland gearbeitet hatte, so unprofessionell stellte sich mein südafrikanischer dar. Obwohl ich meine »Dicke« bereits am 1. Oktober in Kapstadt abgegeben hatte, war diese zehn Tage später immer noch nicht eingetroffen. Auch am nächsten Tag warteten wir vergeblich auf die Ankunft. Sie stand immer noch in São Paulo, angeblich waren irgendwelche Papiere nicht in Ordnung. Erst in der Nacht von Freitag auf Samstag traf die Transportkiste dann endlich in Buenos Aires ein. Ein Umstand, den ich durch die frühzeitige Abgabe unbedingt hatte vermeiden wollen, schließlich arbeitete der Zoll am Wochenende und am darauffolgenden Montag wegen eines Feiertags nicht, und die Lagergebühren schlugen täglich mit fast 100 Dollar zu Buche.

Das lange Wochenende, das wir gezwungenermaßen zusätzlich in unserem Hostel verbringen mussten, sollte sich auch als sehr ereignisreich erweisen. Donnerstagabend begann es für fast zwei Tage sintflutartig zu regnen, sodass von Freitag bis Sonntag alles unter Wasser stand. Wir brachten zwar gemeinsam Sandbarrieren an allen Türen des Hauses an, trotzdem mussten wir die Möbel wegen des eindringenden Wassers auf Ziegelsteine stellen, und nachts stand dann das ganze Haus gut fünf Zentimeter unter Wasser. Garten und Straße glichen einem riesigen See.

Als dann endlich am Dienstag meine »Dicke« im Zoll zur Abholung bereitstand, warteten schon die nächsten Überraschungen. Zum

Nach dem ersten gemeinsamen Bier zur Begrüßung am Flughafen in Buenos Aires (oben) konnten wir am selben Tag noch Marcos Motorrad beim Zoll abholen und wieder zusammenbauen (unten).

einen hatte ich von meinem Spediteur nicht alle notwendigen Papiere bekommen; die fehlenden mussten nun mit erheblichem zeitlichem und finanziellem Aufwand besorgt werden. Zum anderen wurde das »Moped«, scheinbar beim Verpacken, auch noch beschädigt … – mein mittlerweile grundsätzlich recht robustes und belastbares Nervenkostüm war inzwischen zum Zerreißen gespannt. Das arrogante und unkooperative Verhalten des Spediteurs tat ein Übriges.

Zwei Tage später konnte dann bei strömendem Regen und Temperaturen um die 10 Grad unsere Reise endlich beginnen. Marcos Routenwahl führte bereits nach kurzer Zeit über eine matschige und extrem rutschige Piste. Keine fünf Kilometer später lag ich schon das erste Mal mit meiner rund 350 Kilogramm schweren »Dicken« im Dreck, was Marco im Gegensatz zu mir total lustig fand.

Ich habe das letzte halbe Jahr durch Afrika, größtenteils alleine, meinen Flow gefunden, und der Kerl erschien mir jetzt total übermotiviert. Das kann ja heiter werden, dachte ich mir mit einem verzerrten Lächeln unter meinem Helm.

Die ersten Kilometer ab unserer Unterkunft waren dank Marcos fragwürdiger Routenwahl ein totales Abenteuer, und die »Dicke« lag bereits nach kurzer Zeit das erste Mal auf südamerikanischem Boden.

Jesús lädt zu Tisch

Heiter wurde es durchaus, wir befanden uns nämlich auf dem Weg nach Montevideo in Uruguay, um Jesús zu besuchen. Nein, nicht den Langhaarigen aus der Bibel, der das Brot brach und es an die Bedürftigen verteilte, sondern den, der uns das beste »asado« zubereitete, das wir in ganz Südamerika bekommen sollten.

Doch ganz von vorne. Fünf Tage vorher besuchen wir an meinem 23. Geburtstag ein Café in Buenos Aires und trinken eine kalte »cerveza«. Als ich von der Toilette komme, sitzt mein Vater mit einem kleinen, sympathisch aussehenden Mann am Tisch, und es scheint, als wenn sich die zwei unterhalten. Als ich dazukomme, muss ich gleich als Dolmetscher herhalten, da der eine kein Spanisch, der andere kein Englisch spricht. Mit meinen damals noch rudimentären Spanischkenntnissen versuche ich dem guten Mann namens Jesús zu erklären, was wir in Argentinien machen und noch vorhaben, nämlich nach Süden, nach Ushuaia, zu fahren. Er durchkreuzt unsere nicht so strikten Routenpläne und lädt uns zu sich nach Montevideo, der Hauptstadt Uruguays, ein. Jesús war mit seiner Freundin für das Wochenende mit der Fähre über den Río de La Plata in die argentinische Hauptstadt gefahren, um shoppen zu gehen. Bei einer Inflationsrate von mehr als 50 Prozent scheint dies für Argentiniens Nachbarn lukrativ zu sein.

Zurück auf die Straße. Den Regen und die Überschwemmungen hatten wir hinter uns gelassen, und wir fuhren nun über die sanften, saftig grünen Hügel Uruguays. Die Stimmung war bombastisch, auch der erste Grenzübertritt funktionierte ziemlich problemlos. Am Nachmittag erreichten wir Montevideo und machten uns auf die Suche nach dem Haus unseres neuen Freundes.

Jesús wohnte sehr bescheiden in einem Häuschen inmitten der Millionenstadt. Sein Haus war nicht groß, jedoch sehr schön eingerichtet und besaß alles Wichtige, was man zum Leben in Südamerika braucht – inklusive separatem Grillgebäude. Das Grillhaus war nur etwas kleiner als das Wohnhaus und zeichnete sich durch einen circa

Jesús bereitete uns das beste »asado« (Grillfleisch) zu, das wir auf der ganzen Reise essen würden (oben). Vor unserer Abfahrt stand eine Prise Schnupftaback für alle auf dem Programm (unten).

1,5 Meter breiten Indoor-Grill aus. Nun wusste ich auch, was genau er meinte, als er uns zum »asado« einlud, was in Südamerika für Grillen steht. In dem Moment fiel mir auch ein, einmal gelesen zu haben, dass das Ausschlagen einer solchen Einladung als äußerst unhöflich empfunden wird. Instinktiv also alles richtig gemacht.

Der Grill ist relativ simpel aufgebaut, besteht aus einem Mauerwerk, einem Abzug und einem Rost. Die Besonderheit liegt darin, dass ein echter Grillmeister nur mit Holz grillt, das unter den Rost geschoben wird, sobald es zu Kohle geworden ist. Den wahren Unterschied macht aber das Fleisch aus. Außer feinsten Stücken vom Rind kommt hier nichts auf den Grill. Jeder, der schon einmal in Südamerika Fleisch gegessen hat, kann bestätigen, dass dieses in einer anderen Liga spielt als hierzulande. Hauptsächlich dadurch, dass die Tiere unfassbar viel Platz haben, sich viel bewegen und Gras anstatt Kraftfutter fressen. Dadurch setzen die Tiere weniger Fett an, und das Fleisch wird unglaublich zart.

Zur Attraktion des Tages (zwei verrückte Motorradfahrer aus Deutschland) wurde direkt noch die halbe Familie von Jesús eingeladen. Nach mehr als genug von feinstem Fleisch und Getränken verabschiedete ich mich und brach mit Jesús Tochter Angustella und ihrem Freund Juan, die beide ziemlich gutes Englisch sprachen, in Richtung Stadt auf. Als wir zu späterer Stunde zurückkamen, saßen Jesús und Armin immer noch draußen, genossen ein Glas argentinischen Wein und unterhielten sich prächtig über Google Translate – der Technik sei Dank!

Am nächsten Morgen bescherten wir den Uruguayern noch eine Freude und erschienen zum Frühstück in unseren Lederhosen. Nicht mehr ganz so glücklich waren Jesús, Angustella und Juan dann, als ich (natürlich rein zufällig) meinen Schnupftabak in der Lederhose fand und sie in den Genuss dieses traditionellen Tabakerzeugnisses kamen.

Da wir auf direktem Weg nach Montevideo gefahren waren, hatten wir von Uruguay noch nicht viel gesehen und entschieden uns daher, noch ein paar Tage hierzubleiben. Die nächsten Tage sollten jedoch ganz schön turbulent werden.

Erste Pannen und gigantische Wasserfälle

Nach dem Abschied von Jesús machten wir uns entlang Uruguays Atlantikküste auf in Richtung brasilianischer Grenze, wo wir entscheiden wollten, ob wir den größeren Umweg über die Iguazú-Wasserfälle auf uns nehmen.

Nun war endlich die Zeit gekommen, das erste Mal das Zelt aufzuschlagen – ein Moment, auf den ich mich seit Ewigkeiten freute und den ich auch mit einer gewissen Spannung erwartete. Wir waren zwar in den vergangenen Jahren des Öfteren campen, jedoch mit großem Hymer-Wohnwagen inklusive angenehmer Matratzen und Lattenrost. Mein Vater, der Geschäftsmann, nun in einem kleinen

Innerhalb eines Tages erwischte es uns beide mit einem platten Reifen. Da unser Kompressor am Tag zuvor den Geist aufgegeben hatte, gestaltete sich diese Reparatur etwas langwieriger.

Zweimann-Zelt? Seine früheren Zeltabenteuer kannte ich nur aus Erzählungen. Daher war ich trotz etlicher Nächte, die er die Monate zuvor in Afrika im Zelt verbracht hatte, irgendwie noch skeptisch.

Wir bogen von der Hauptstraße ab und fuhren einige hundert Meter bis zum Ende einer Schotterpiste. Das Schild, das signalisierte, dass Motorräder am Strand verboten sind, übersahen wir in der herannahenden Dämmerung leider und standen alsbald mit unseren Maschinen am Sandstrand vor den Wellen des Atlantiks. Zwischen ein paar Büschen schlugen wir halbwegs windgeschützt unser Zelt auf, stellten die Campingstühle in den Sand und öffneten ein kühles Bier – ein Ritual, das sich die Reise über manifestieren sollte.

Etwas überrascht war ich schon von der Gelassenheit, die mein Vater an den Tag legte – Wind und Zickereien unseres Campingkochers zum Trotz.

Am folgenden Tag entschieden wir uns, den »kleinen« Umweg von gut 3000 Kilometer in Kauf zu nehmen und über die Iguazú-Wasserfälle nach Ushuaia zu fahren – nicht gerade der direkte Weg. Brasilien empfing uns mit Regen und öden Straßen entlang der Küste. Nach zwei Tagen war es dann Zeit, dem Meer den Rücken zu kehren.

Der Blick auf das Navi versprach Gutes. Schlängelte sich die Route doch in unzähligen Kurven die Hügel ins Landesinnere hinauf. Fahrspaß pur auf perfekt geteerten Straßen. Als wir mit gut 110 km/h die sanften Kurven der Rota do Sol nahmen, merkte ich auf einmal, dass mit meinem Motorrad etwas nicht stimmte. Dann ging alles ganz schnell. Mein Lenker begann zu schlingern, und die ganze Fuhre zog nach links. Ich versuchte noch gegenzusteuern und zu bremsen, doch so sehr ich auch nach rechts lenken wollte, mein Motorrad fuhr schlingernd auf die Gegenfahrbahn. Nach einigen Metern rutschte mein Vorderrad vollends weg, und ich legte das Motorrad und mich auf die Seite. Ich schlitterte meiner BMW hinterher und war schon erleichtert, dass es keinen Gegenverkehr gab und mein Motorrad auf der Straße blieb und nicht in den Graben rutschte.

Kurz bevor es zum Stillstand kam, griffen die Reifen, es stellte sich auf und kippte mit voller Wucht auf die andere Seite. Ich stand schnell auf, mir fehlte gottseidank nichts, außer dass meine Hose nun ein Lüftungsloch an der rechten Hüfte hatte. Als ich zum Motorrad kam

---

Folgende Doppelseite:
Blick in den »Teufelsschlund«, die Garganta del Diablo der Iguazú-Wasserfälle, die aus rund 80 Metern Höhe talwärts stürzen.

und es aufhob, war gleich klar, was der Grund für meinen Sturz war: ein platter Vorderreifen.

Zu meinem Erstaunen fuhren die ersten drei Autos an mir vorbei, während ich noch damit beschäftigt war, das Motorrad aufzuheben. Erst ein entgegenkommender Wagen mit Straßenarbeitern hielt an und half mir, das Motorrad in eine Parkbucht zu schieben. Dort angekommen, sammelte ich mich, checkte mein Fahrzeug und wartete auf meinen Vater. Als er endlich eintraf, begannen wir das Vorderrad auszubauen, um schnell den Schlauch zu wechseln. Es war kurz nach 15 Uhr. Also Reifen runter, Ersatzschlauch rein, Reifen wieder drauf. Kompressor anschließen und warten. Warten und noch länger warten. Der Reifen baute einfach keinen Druck auf. Das ganze Spiel also nochmal: Reifen runter, Schlauch anschauen und siehe da, offensichtlich hatten wir den Schlauch eingeklemmt und direkt wieder ein Loch reingemacht. Ärgerlich, aber wir hatten ja auch Flicken dabei, reparierten den Schlauch, zogen vorsichtig den Reifen darauf und schlossen den Kompressor an. Nun kam der nächste Hammer. Nach einigen Minuten gab der Kompressor den Geist auf. Diagnose: gebrochener Plastikkolben.

Normalerweise würde ich mich definitiv als den Geduldigeren von uns beiden beschreiben. Doch an diesem Nachmittag ging es dann auch mit meiner Geduld zu Ende. Gut, dass Papa mal der ruhigere, geduldigere war. Also schnallten wir mein Vorderrad auf sein Motorrad, und er düste bei anbrechender Dunkelheit los zur nächsten, circa 15 Kilometer entfernten Tankstelle, um den Reifen aufzupumpen. Als dort ebenfalls der Kompressor defekt war, half ihm ein Lkw-Fahrer mit seinem aus. Abends um 19 Uhr konnte ich dann endlich bei Dunkelheit mit Stirnlampe mein Vorderrad einbauen, und es ging mit schwammigen 1,5 bar Druck im Reifen zum nahe gelegenen Campingplatz.

Am nächsten Morgen waren wir schon enttäuscht, dass wir den schönen grünen Campingplatz an einem kleinen Fluss nicht länger genießen konnten, wollten wir doch an diesem Tag Strecke machen. Nach dem Frühstück packten wir also zusammen, setzten uns auf die Maschinen, gaben uns den Daumen nach oben. Ich drückte den roten Startknopf an meiner Maschine. Doch es passierte – nichts. Kein Stottern, kein Motorengeräusch, »nada«. Als Erstes checkten

Einsame und mancherorts perfekt asphaltierte Straßen zogen sich durch die saftig grünen Landschaften Brasiliens und machten das Motorradfahren zum Hochgenuss.

wir die üblichen Verdächtigen, Batterie und Seitenständerschalter waren aber nicht defekt. Wir begnadeten Nicht-Mechaniker waren recht schnell mit unserem Latein am Ende. Nach knapp zwei Stunden Suche fanden wir den Fehler im Verbindungsstecker des Not-Aus-Schalters. Dieser musste sich wohl am Vortag beim Sturz schon gelockert und nun endgültig gelöst haben. Stecker rein, und die Maschine lief wieder.

Mittags brachen wir dann endlich vom Campingplatz auf und hielten an der nächsten Tankstelle an, um etwas zu essen und zu trinken. Als wir im Gras saßen, stand mein Vater plötzlich auf, ging zu seinem Hinterreifen, inspizierte diesen, drehte sich zu mir und sagte »Ich hab 'nen Nagel im Reifen«. Ich konnte nicht anders, als laut loszulachen. Bis mir einfiel, dass unser Kompressor kaputt war … Das Flicken ging bei seinem Tubeless-Reifen deutlich schneller, das Füllproblem war aber nicht gelöst, da der Kompressor der Tankstelle nicht auf das Ventil am Motorrad passte. Kurz vor dem Verzweifeln schnallten wir also das Hinterrad meines Vaters auf meine GS, um zur nächsten Reifenwerkstatt zu fahren. Gerade als ich starten wollte, machte uns ein Einheimischer auf seiner 125er auf die 50 Meter entfernte »borracharia« aufmerksam. Portugiesisch für Reifenwerkstatt. Ich musste herzlich lachen, als ich Papa frustriert zur Werkstatt laufen sah, er konnte die Situation erst im Nachhinein belächeln.

Nach all den Zwischenfällen kamen wir zwei Tage später endlich an unserem Ziel, den Iguazú-Wasserfällen, an. Die Fälle liegen auf der argentinisch-brasilianischen Staatsgrenze. Wir entschieden uns für die brasilianische Seite, da man hier zwar weiter weg von den Kaskaden ist, dadurch aber die ganze Ausdehnung dieses Naturspektakels sehen kann: Insgesamt 255 kleinere und 20 größere Wasserfälle verteilen sich auf eine Länge von knapp drei Kilometern. Die höchste Stelle mit 82 Metern bricht allein keine Rekorde, jedoch sind die herabstürzenden Wassermassen in der »Garganta del Diablo« (Teufelsschlund) so gewaltig, dass es einem nahezu den Atem raubt. Gut 1500 Kubikmeter Wasser stürzen das UNESCO Welterbe hinunter – pro Sekunde! Zum Vergleich: Ein 50-Meter-Olympia-Schwimmbecken fasst 2500 Kubikmeter.

Zwangspause durch Sonnenstich

Kilometerlanger Stau an der Grenze von Brasilien nach Paraguay. Und das bei mehr als 35 Grad. Samstagnachmittag war wohl nicht der optimale Zeitpunkt für einen Grenzwechsel hier in Foz do Iguaçu. Wir versuchten, uns so weit wie möglich an der paraguayischen Fahrzeugkolonne mit den teils hoffnungslos überladenen Fahrzeugen nach vorn durchzuschlängeln. Nach einiger Zeit erreichten wir endlich total durchgeschwitzt den Grenzposten. Die Ausreisestempel in unseren Reisepässen hatten wir relativ schnell. Die beiden Motorräder beim Zoll wieder auszuführen, entpuppte sich jedoch als zeitraubendes Verfahren. Zum einen standen

Die typisch argentinische »choripan« (Wurst in der Semmel) war ein willkommener Snack und teilweise selbst an den entlegensten Kreuzungen mitten im Nirgendwo frisch gegrillt zu bekommen.

wir in einer ellenlangen Warteschlange an, inmitten Menschen, die alle ihre Waschmaschinen, Flachbildfernseher und großen Kinderspielzeuge anmelden mussten, zum anderen schien dann, als wir endlich an der Reihe waren, die brasilianische Zollbeamtin mit den temporären Einfuhrpapieren unserer Maschinen hoffnungslos überfordert zu sein.

Als wir uns nach mehr als drei Stunden endlich auf den Weg zu einem in der iOverlander-App verzeichneten Campingplatz eines Deutschen aufmachten, war unsere Laune nicht gerade die beste. Zu sehr hatten uns die Hitze und der Verkehr zugesetzt, obendrein war es schon relativ spät für die rund 130 noch zu bewältigenden Kilometer.

Wir waren auch etwas ängstlich. Hatten wir doch im Vorfeld viel über korrupte Polizisten und deren Abzocke bei Verkehrs- und vor allem Radarkontrollen gehört und gelesen. Ohne Zwischenfälle erreichten wir jedoch am späten Nachmittag den Campingplatz von Fred. Gelegen an dem wunderbaren Stausee Lago del Río Yguazu schlugen wir unser Nachtlager auf. Geplant war, am nächsten Morgen weiterzufahren, da wir den Umweg über die Wasserfälle zeitlich nicht eingeplant hatten.

Gleich nach unserem selbst zubereiteten opulenten Frühstück wurde es Marco übel. Beim Versuch, auch nur ein Glas Wasser oder Tee zu trinken, musste er schleunigst die Toilette aufsuchen. An feste Nahrung war gar nicht zu denken. Sohnemann schien wohl die Umstellung von Heimat auf Ferne, gepaart mit Hitze und Flüssigkeitsmangel trotz seiner Fitness nicht ganz so gut zu bekommen. Oder forderte gar jetzt schon das Tempo seinen Tribut?

Ein, zwei weitere Ruhetage waren aufgrund seines Zustandes unausweichlich. Wir bauten das zweite Zelt auf. Das gab ihm die Möglichkeit, sich zu erholen, und ich verminderte damit das Risiko, mich anzustecken, sollte er sich einen Virus eingefangen haben.

Die Ruhe, das klare erfrischende Wasser des Sees und die Sonne entpuppten sich als Balsam für unsere Körper und Seelen nach den ereignisreichen ersten beiden Wochen.

Auf dem ganzen Weg durch Afrika hatte ich weder einen Platten noch sonstige technische oder gesundheitliche Probleme. Hier nun in zwei Wochen bereits das volle Programm mit zwei Platten, einem nicht startenden Motorrad und Marcos erstem gesundheitlichen Problem. Einmal mehr war ich gespannt, welchen »Prüfungen« wir auf unserem Vater-Sohn-Abenteuer noch ausgesetzt sein würden. Doch noch war ich die Ruhe selbst.

Paraguay überraschte uns mit roter Erde, grünen Bäumen (oben) und einem traumhaften Campingplatz bei Fred (unten), wo Marco seinen Hitzschlag auskurieren konnte.

Verwirrendes Pfandsystem und ein Gedanke

Córdoba, die Hauptstadt der gleichnamigen argentinischen Provinz mitten im nördlichen Teil des Landes, ist vor allem durch die Architektur im Stil der spanischen Kolonialzeit bekannt. Mit ungefähr 1,6 Millionen Einwohnern ist sie hinter dem fast zehnmal so großen Buenos Aires die zweitgrößte Stadt Argentiniens. Hauptgrund für einen Besuch war der notwendige Service an meiner »Dicken« beim dortigen BMW-Händler. Allerdings wusste ich auch von Maria, die auf dem Flug von Dubai nach Buenos Aires neben mir saß, dass die Stadt einiges zu bieten hatte. Vor allem, als ich Marco gegenüber erwähnte, dass Córdoba eine Universitäts- und Hochschulstadt sei, leuchteten seine Augen. Ließ dies doch ein interessantes Kneipen- und Nachtleben mit jungen Menschen erwarten.

So mieteten wir uns für vier Nächte in einer Airbnb-Wohnung ein. Die »Mopeds« standen sicher im Hof, und wir suchten zunächst den erstbesten Supermarkt auf, um den Kühlschrank für die nächsten Tage zu füllen. Natürlich war auch eine ausreichende Menge argentinische »cerveza« im Einkaufswagen, als wir die Kasse erreichten. Und genau da begann ein Kampf, der uns über die nächsten Wochen in Argentinien begleiten sollte. Das kostbare und durchaus schmackhafte Nass wird hier in unterschiedlichsten Gebinden mit unverständlichem Pfandsystem angeboten. Größen und Farben der Flaschen (1000/975/645/500/470 Kubikzentimeter, braun/grün/usw.) machen das Pfandsystem für uns unverständlich. Kaufen kannst du ein Bier nur, wenn du die gleiche Flasche vorher als Pfand abgegeben hast. Was aber bei der ersten Flasche? Irgendwie gelang es uns dann trotzdem, mit jugendlichem Charme und erfahrener Überzeugungskraft, die ersten Flaschen unser Eigen zu nennen. Auch später schafften wir es immer wieder, Bier zu kaufen, wenn auch nicht selten mit Hindernissen. So musste manchmal eine grüne Flasche zurückbleiben, da bei der Abgabe nur eine braune oder eine grüne ohne Pfand dabei war. Und von Supermarkt zu Supermarkt war die Vorgehensweise offenbar auch unterschiedlich. Erklären

konnten uns das System selbst die Einheimischen nicht wirklich. Wenn ein Land schon im Kleinen solche Probleme hat, verwundert es nicht weiter, dass es seit seiner Unabhängigkeit vor rund 200 Jahren bereits acht Staatspleiten gab, fast alle in der jüngeren Geschichte des Landes.

Da wir in der Nähe des Universitätsviertels wohnten, war es ein Leichtes, Stadt und Kneipenkultur zu erkunden. An unserem letzten Abend entdeckten wir zufällig eine Bar, die mich an mein Stammlokal aus jungen Jahren erinnerte, das auch heute noch der Treffpunkt der jungen Generation in unserer Heimatstadt ist. Unverputzte Backsteinwände gepaart mit diversen historischen Blechschildern und Fotografien ließen bei süffigem Imperial Cream Stout Heimatgefühle aufkommen. Obendrein spielte an diesem Abend eine Rockabilly-Band live. Wir genossen den Mix aus Bier, Musik und Stimmung und erzählten uns Geschichten aus eben unserer mehr als 11 000 Kilometer entfernten Kneipe daheim, die wir mit fast 30-jährigem Zeitversatz dort erlebten.

In der Reserva Natural El Condor erwarteten uns zwar keine Kondore, dafür aber der erste Offroad-Pass unserer Reise.

Wir verließen Córdoba am nächsten Tag Richtung Westen, und südlich des Lago San Roque ging es in die Berge. Auf kleinen Schotterpisten überschritten wir zum ersten Mal auf dem südamerikanischen Kontinent die 2000er-Höhenmarke. Als wir nach der Passüberquerung wieder auf eine geteerte Hauptstraße stießen, schauten wir uns kurz an und hatten beide denselben Gedanken. Wir wollten dort oben unser Zelt für die Nacht aufschlagen. Das Wetter lud nicht unbedingt zum Wildcampen ein, dunkle Regenwolken hingen am Himmel, dennoch wollten wir beide die raue Einsamkeit in den Bergen erleben. In einem kleinen Kiosk, nicht weit entfernt, deckten wir uns mit dem Nötigsten in fester und flüssiger Form ein, und fuhren die rund 30 Kilometer zurück zum höchsten Punkt. Nach kurzer Zeit, gerade noch rechtzeitig vor der einbrechenden Dunkelheit, war unser Nachtlager aufgeschlagen, und wir hatten bereits Mützen aufgesetzt und die wärmsten Klamotten angezogen, die wir dabei hatten.

Der Wind blies streng und vor allem kalt. Kochen war nur in einer kleinen, windgeschützten Nische hinter einem Felsen möglich. Der

Gutes Wetter + Kurven + Schotter =
glücklich sein.

Vorteil war, dass wir unser Bier ohne zusätzliche Kühlung genießen konnten, ein Umstand, den ich in Afrika meist schmerzlich vermisst hatte. Fröstelnd, aber mit einem Lächeln im Gesicht ob der gewaltigen Natur und ohne viele Worte zu wechseln, ließen wir den Abend ausklingen.

In der regnerischen Nacht waren wir erstmals um unsere warmen Schlafsäcke froh. Am Morgen hatte es kurz nach Sonnenaufgang nur noch drei Grad. Ein Vorgeschmack auf das, was uns auf dem weiteren Weg nach Feuerland erwarten sollte. Fin del Mundo, das »Ende der Welt«, war das erste, ganz große Ziel unserer Reise.

Auf dem Weg dorthin wollten wir aber erst noch der Península Valdés, einer von der UNESCO zum Weltnaturerbe erklärten Halbinsel an der Atlantikküste, einen Besuch abstatten.

Der Fahrspaß kam trotz des ganzen Gepäcks definitiv nicht zu kurz, und manchmal durfte auch das Hinterrad durchdrehen.

Der Süden Südamerikas wartete mit gigantischen Ausblicken, frischen Temperaturen und viel Wind auf uns und unsere Maschinen.

Der Süden

Fin del Mundo, am Ende der Welt

Pinguine, Wale und rosa Salzseen

Mit Ausnahme der nördlichen Länder ist Südamerika nicht gerade bekannt für eine reiche Tierwelt. Vor allem in Argentinien und Chile bekommt man außer Guanakos und Vicuñas, die übrigens zur Familie der Kamele gehören, nicht viel zu sehen. Eine Ausnahme bildet die Vielfalt an Meereslebewesen, die hier in den kalten Gewässern der Küstenregionen heimisch sind. Nirgendwo kann man diese besser beobachten als in dem Naturreservat der Peninsula Valdés. Diese T-förmige Halbinsel liegt an der Ostküste des Atlantiks im südlichen Teil Argentiniens.

Die auf der Karte so klein aussehende Runde um die Peninsula Valdés entpuppte sich als ausgereifte Tagestour – bei so einem Ausblick ein Tag wie gemacht zum Genießen

Auf einer circa sieben Kilometer breiten Landzunge fuhren wir hinaus Richtung Halbinsel. Nach dem Passieren der Schranke in den Nationalpark schlugen wir in dem kleinen Ort Puerto Pirámides unsere Zelte auf und genossen bei sommerlichen Temperaturen ein kühles Bier am Sandstrand. Es gibt nur eine Schotterpiste, die einmal um die Halbinsel herumführt. Wieder einmal wurden wir uns der Dimensionen auf diesem Kontinent bewusst. Die Strecke, die um die auf der Landkarte recht klein aussehende Halbinsel führt, umfasst mehr als 210 Kilometer.

Am nächsten Tag brachen wir also zeitig morgens auf, um genügend Zeit auf der Route zu haben. Der Tag sollte die gesamte Reise über etwas Besonderes bleiben, da es das einzige Mal geschah, dass wir komplett ohne Gepäck mit unseren Motorrädern unterwegs waren – Fahrspaß pur.

Auf dem Weg zum Aussichtspunkt Punta Cantor passierten wir die beiden rosa schimmernden Salzseen Salina Grande und Salina Chica. Nandus und Guanakos säumten unseren Weg. Der Ausblick

---

Ohne Gepäck kann Papa ja tatsächlich ganz gut Motorrad fahren. ☺

Bei einer Whalewatching-Tour lieferten die Südlichen Glattwale eine beeindruckende Show ab, streckten ihre riesigen Flossen in die Höhe (li. oben) und stießen meterhohe Fontänen aus (li. Mi.).

Unbeeindruckt von unserer Kamera waren sowohl die Magellanpinguine (li. unten) als auch die Robben, die sich auf dem warmen Felsen einen kleinen Mittagsschlaf gönnten (re.).

auf das tiefblaue Meer, das auf anthrazitfarbene, von Südlichen See-Elefanten bevölkerte Kiesbänke trifft, lud zum Verweilen ein. Diese Kolosse, die bis zu sechs Meter lang und vier Tonnen schwer werden können, wirken in der weiten Landschaft nahezu winzig. Einige Meter weiter trafen wir dann das erste Mal auf Pinguine.

Die schwarz-weißen Magellanpinguine sind mit maximal 70 Zentimetern etwas kleiner als die bekannten Königspinguine, kommen aber im südlichen Patagonien viel häufiger vor. Bis auf einen Meter Entfernung trauten sie sich an uns heran, zeigten keinerlei Scheu, sondern posierten sogar noch vor dem tiefblauen Meer im Hintergrund.

Nach der Umrundung der Halbinsel sollte für mich am nächsten Morgen noch eine Whalewatching-Tour auf dem Programm stehen. Jedes Jahr zwischen Juni und Dezember sammeln sich bis zu 2000 Südliche Glattwale in den relativ warmen Gewässern des Golfo Nuevo, um sich dort zu paaren und zu kalben. Anfang November ist die Hauptsaison normalerweise schon vorbei, und die Wale fangen langsam an, südlichere Gewässer aufzusuchen. Wir haben jedoch Glück und bekommen fast zwei Stunden lang einen Wal nach dem anderen zu sehen.

Auch die Wale kommen ganz in Nähe des Bootes, um sich zu zeigen, spucken beim Ausatmen meterhohe Fontänen aus ihren Blaslöchern und zeigen beim Untertauchen ihre gewaltigen Flossen. Aus dem Staunen kommen wir alle jedoch nicht mehr heraus, als minutenlang eine Walmutter und ihr verspieltes Kalb am Boot entlangschwimmen und sich uns von allen Seiten präsentieren.

Fun Fact: Ein Hoden der bis zu 18 Meter langen und 80 Tonnen schweren Männchen kann bis zu 500 Kilogramm schwer werden.

Bikertreffen

Außer beim »Elefantentreffen« im Bayerischen Wald im Februar 1992 war ich noch nie auf einem Motorradtreffen. Dass ich fast 30 Jahre später ausgerechnet in Argentinien an einem weiteren teilnehmen sollte, wäre mir wahrlich nie in den Sinn gekommen. Doch der Reihe nach.

Wir waren südwärts auf der berühmten Ruta Nacional 3 unterwegs, die im Osten Argentiniens auf einer Länge von mehr als 3000 Kilometern von Buenos Aires bis nach Ushuaia verläuft. Unser Ziel war die Penisula Valdés, die mit einer gigantischen Tierwelt aufwarten sollte. Auf der Strecke zwischen Las Grutas und Puerto Madryn,

Mit gekonnter Gestik stimmte sich Marco nach dem Zeltaufbau schon einmal auf das Bikertreffen und die entsprechende Musik ein.

entlang der Küste des rauen Südatlantiks, trafen wir an einer Tankstelle auf ein paar argentinische Biker. Nach europäischen Maßstäben waren das eher Mopedfahrer. Das lag nicht nur daran, dass der durchschnittliche Hubraum ihrer Motorräder zwischen 125 und maximal 250 Kubikzentimetern lag, sondern auch an der generellen Größe der Südamerikaner. Diese wirkten – insbesondere im Vergleich zu Marco mit seinen stolzen 1,97 Metern – eher wie gerade den Kinderschuhen entwachsene Jugendliche mit erfahrenen Gesichtszügen.

Jedenfalls kam Sohnemann aufgrund seiner spanischen Sprachkenntnisse sehr schnell mit ihnen ins Gespräch, als sie gerade dabei waren, unsere bepackten und aus deren Sicht überdimensionalen Motorräder zu begutachten. Wir beantworteten die üblichen Fragen. »Wie viel Kubik und PS, Höchstgeschwindigkeit, woher, wohin, Vater und Sohn?« Allgemeines Erstaunen.

Erstaunt waren aber auch wir, als wir erfuhren, dass sie aus Azul, einem Ort unweit von Buenos Aires kamen und somit schon mehr als 800 Kilometer auf dieser teils unendlich erscheinenden geraden Strecke unter ihre schmalen Räder genommen hatten. Sie nannten sich »Quijotes del Camino« und bezogen sich mit ihrem Clubnamen auf den berühmten Ritter Don Quijote, der unter anderem gegen Windmühlen kämpfte. Für mich ergab dieser Vergleich ob des teils heftigen patagonischen Windes, gegen den diese Biker mit ihren Mopeds anzukämpfen hatten, durchaus einen Sinn.

Während der allgegenwärtige Matebecher die Runde machte, wurden Erfahrungen, Sticker und Handynummern ausgetauscht. Natürlich nicht ohne zu versprechen, spätestens am kommenden Samstag ebenfalls zu dem Treffen außerhalb von Puerto Madryn dazuzustoßen.

Gesagt, getan! Nach der Einsamkeit auf der Halbinsel wollten wir so richtig in die argentinische Bikerszene eintauchen. Ort des Geschehens war ein zugiger Hügel südlich der Stadt. Ich weiß nicht mehr, was ich erwartet hatte, aber der Anblick, der sich uns bei der Örtlichkeit und den versammelten »Mopeds« bot, entlockte mir noch unter meinem Helm ein Lächeln. Die vielen skurrilen »Mopeds« parkten wild vor einem Vereinsheim, wo bei eisigem Wind bereits am späten Nachmittag eine Metal-Band ihr Bestes gab. Eines hatten alle Bikes aber gemeinsam: Aus Marcos Blickwinkel von 1,97 wirkten sie alle wie Pocket-Bikes. Ich musste unwillkürlich lachen, als ich ihn so sah.

Die Motorräder oder motorradähnlichen Fahrzeuge boten einen skurrilen Anblick. Wir fragten uns da teilweise schon, wie die Biker mit diesen »Teilen« durch ganz Argentinien düsen können.

OKE

Unser Zelt mussten wir wegen des starken Winds an beiden Motorrädern sichern. Danach tauchten wir mit einem ersten Bier in das Getümmel ein. Unsere neuen Freunde waren schnell ausgemacht, und wir wurden allen Clubmitgliedern vorgestellt. Nach und nach wurde die Stimmung gelöster, das Vereinsheim füllte sich mehr und mehr, der Wind wurde immer stärker und die Temperatur draußen merklich kühler. Weicheier sind wir, waren meine Gedanken, auch wegen der Tatsache, dass die Band im Freien bis in die Dunkelheit munter weiterspielte. Lediglich wenige Biker (wahrscheinlich die von den »Aguilas del Fuego« aus Ushuaia) feuerten die Band trotz der Kälte an.

Es wurde ein feuchtfröhlicher Abend mit herzhaften Steaksemmeln, Bier und dem in Argentinien sehr populären Fernet-Cola. Dieses wurde auf dem Treffen ausschließlich im Ein-Liter-Plastikbecher im Mischungsverhältnis 1 : 2 serviert. Was für ein ein Schock für meine ramazzottiverwöhnten Geschmacksnerven.

Ich genoss den Abend, obwohl ich an der Konversation meist nur mit Händen und Füßen teilhaben konnte oder aber mit hilfesuchenden

Je genauer man hinschaute, desto mehr gewöhnungsbedürftige Details entdeckten wir an den motorradähnlichen Gefährten, wie zum Beispiel diesen aus einem Kolben gefertigten Schalthebel.

Blicken zu Marco, der dann für mich immer wieder übersetzen musste. Englisch wird in Südamerika von nur wenigen Menschen gesprochen, aber Motorradfahrer verstehen sich auch ohne große Worte.

Ich bewunderte Marco, der sich mit einem Spanischkurs an der Uni auf die Reise vorbereitet hatte und nun davon profitieren konnte. Stolz beobachtete ich, wie er sich angeregt unterhielt und von uns und unserer Heimat erzählte. Immer wieder wanderten die Blicke der anderen auch zu mir, meist mit einem Lächeln oder einer Geste wie Daumen hoch. Einmal mehr wurde mir bewusst, wie kostbar und so gar nicht selbstverständlich unsere gemeinsame Reise war.

Spät in der Nacht und einige Biere und Fernet-Cola später warteten unsere neuen Freunde noch mit einer Überraschung auf. Marco wurde zum »größten« Ehrenmitglied des Clubs ernannt und bekam ein knappes Club-T-Shirt übergestreift.

Als wir uns weit nach Mitternacht in unser Zelt verkrochen – die Party war noch lange nicht zu Ende –, war uns klar, dass das Bikertreffen als eines unserer Highlights in Erinnerung bleiben würde.

Nach (zu) vielen Cervezas und Fernet-Colas bekam Marco ein T-Shirt überreicht, mit dem er zum größten Mitglied der Bikergruppe »Coyotes de Azul« ernannt wurde.

Endlos südwärts

Von Zentralägypten, dem Sudan und Namibia hat sich unter anderem eines in mein Gedächtnis eingebrannt: endlose Weiten und Hunderte Kilometer, oftmals kerzengerade Straßen oder Pisten durch karge, aber dennoch beeindruckende Sand- oder Felswüsten. In gewisser Weise fand ich das faszinierend, kannte ich doch aus Zentraleuropa diese Weiten nicht. Und das gefühlt nie enden wollende Geradeaus-Dahin-Cruisen hatte für mich nicht selten etwas Meditatives.

Argentinien ist mit seinen knapp 2,8 Millionen Quadratkilometern das achtgrößte Land der Erde und nach Brasilien das zweit-

Auf Bildern nicht leicht zu erkennen, aber der starke Seitenwind machte uns in Patagonien teilweise sehr zu schaffen – den verspannten Nacken vom Dagegenhalten gab es gratis dazu.

größte in Südamerika. Die Fläche Argentiniens entspricht ungefähr 7,8-mal der Größe Deutschlands. Alleine die 4989 Kilometer lange Küste im Osten (südlich von Buenos Aires), die vom rauen Südatlantik geprägt ist, ist um 1200 Kilometer länger als der Umfang Deutschlands, und in der Nord-Süd-Ausdehnung könnte man unser Land gut viermal umklappen, bis die Südspitze erreicht wäre.

Entsprechend lang waren auch hier die Distanzen. Nachdem im Norden Argentiniens und in Uruguay entlang der flachen Küste Rinderzucht dominiert, in den Hügeln Brasiliens Wein- und Getreideanbau vorherrscht und in Paraguay die riesigen Sojafelder unübersehbar waren, gab es auf dem Weg durch das östliche Patagonien vor allem eines: »nada« – nichts.

Die niedrigen Bäume wurden zu Sträuchern, diese zu Büschen, bevor dann außer der sogenannten Pampa gar nichts mehr war. Auch wenn wir zu Hause öfter den Begriff Pampa für weit abgelegene Gegenden verwenden, hat dieser absolut nichts mit der Realität dort zu tun. Hier bedeutet Pampa, dass es oftmals Hunderte von Kilometern schlichtweg gar nichts gibt.

Den Luftdruck unserer Reifen passten wir auch unterwegs oft an den wechselnden Untergrund an. Im Sand und Gelände gingen wir bis auf 1,5 bar herunter, um genügend Traktion zu haben.

Erst auf Feuerland, südlich von Río Grande begleiteten uns wieder Bäume, denen die Naturgewalten hier allerdings auch deutlich anzusehen waren. An- bzw. abgebrochene Äste und eine teils abenteuerliche Ausrichtung in Windrichtung waren stumme Zeugen des patagonischen Windes.

Die schier endlose Straße Richtung Süden, die Ruta Nacional 3, zog sich in weiten Teilen schnurgerade dahin und verschwand meist irgendwann als Punkt am Horizont, während das Navi die nächste Abbiegung nicht selten erst in 400 oder mehr Kilometern anzeigte.

Ich erinnerte mich an die Weiten Afrikas. Doch während ich dort das meditative Nichts mit eingeschaltetem Tempomat genießen konnte, hatten wir hier vor allem mit dem berüchtigten patagonischen Wind zu kämpfen. Auch wenn wir das Glück hatten, diesen nicht in seiner vollsten Wucht erleben zu müssen, waren wir immer auf der Hut, konnte ein plötzlicher Windstoß unsere beladenen Fuhren leicht aus der Spur bringen, wenn man den Lenker allzu locker oder gar die Hände nicht am selbigen hatte.

Die »Roaring Fourties« machten ihrem Namen alle Ehre. Berühmt-berüchtigt für die starken Westwinde bekamen die Gegenden um den 40. Breitengrad von Seeleuten diesen Spitznamen verpasst. Polwärts folgen im Seemannsjargon die »Furious Fifties« und »Screaming Sixties«. Diese Winde sind auf der Südhalbkugel so viel stärker als auf der Nordhalbkugel, da es hier deutlich weniger Landmassen und Gebirge gibt, welche die Winde ausbremsen können.

Zudem stellte ich fest, dass mir die teils extreme Hitze Afrikas von bis zu 50 Grad weniger zugesetzt hatte als die kühlen Temperaturen hier, die zunehmend in den einstelligen Bereich fielen. Immer wiederkehrende Regenschauer trieben meinen Wohlfühlfaktor langsam, aber stetig nach unten. Ich sollte mir dringend einen warmen Pullover besorgen, wollte ich nicht andauernd bibbernd auf meiner »Dicken« sitzen, dachte ich mir jeden Tag aufs Neue.

Marco dagegen erinnerte mich immer wieder an mich selbst, als ich in seinem Alter war. Beim Ort Comandante Luis Piedrabuena überquerte die RN3 den Río Santa Cruz, an dem wir unser Nachtlager aufschlugen. Es wehte ein solch starker, eisiger Wind, dass ich meine Isomatte gar nicht selbst aufblasen musste, sondern diese sich schon vom bloßen in den Windhalten fast vollständig füllte.

Kaum stand das Zelt, ließ es sich Marco nicht nehmen, in dem eiskalten, türkisfarbenen Gletscherfluss, der aus dem Eis des 300 Kilometer entfernten Perito-Moreno-Gletschers gespeist wurde, ein Bad zu nehmen. Ich überlegte kurz, aber nur ganz kurz, ob ich

So mühsam der Wind beim Motorradfahren war, so praktisch war er beim Aufblasen der Luftmatratze (oben). Argentinien bekam von uns ganz klar einen »Daumen hoch« (unten).

ebenfalls eintauchen sollte, war ich früher ja auch beim Silvesterschwimmen der Wasserwacht immer im eiskalten Weiher. Aber altersbedinge Überlegungen wie »Ich erkälte mich vielleicht, das tut meinem eh schon schmerzenden Rücken nicht gut und und …« hielten mich davon ab. Im Nachhinein bedauerte ich es ein wenig, konnte ich doch den Spaß und den Stolz, den Marco dabei hatte, gut nachvollziehen. Aber vielleicht ist es gut so. Als Vater muss man ja nicht mehr jede Herausforderung mit dem Sohn annehmen.

Bald waren die einzigen Begleiter auf dem weiteren Weg ans Ende der Welt die unzähligen Guanakos, die unseren Weg säumten und nicht selten unverhofft über die Straße sprangen. Wir mussten auf der Hut sein. Lkw-Fahrer warnten uns bei fast jedem Tankstopp vor der Gefahr, die vor allem in windgeschützten Senken lauerte: die mit ihren bis zu 120 Kilogramm stattlichen Tiere, die aufgrund ihres hellbraunen Fells meist erst sehr spät zu sehen sind. Ich hatte nicht vor, eines mit meinem Gefährt zu erlegen und somit dem Puma, ihrem einzigen natürlichen Feind, die Beute streitig zu machen.

Eines Morgens wurden wir beim Frühstück von einer Militärkolonne überrascht. Wie sich herausstellte, war der Kommandant begeisterter FC Bayern-München-Fan und plauderte eine Weile mit uns.

Außer Guanakos und den gigantischen Wolkenbildern, die sich auf dem ebenso endlos scheinenden Himmel bildeten, gab es auf unserem fast 1800 Kilometer langen Weg von Puerto Madryn nach Ushuaia, der auf Feuerland gelegenen südlichsten Stadt der Welt, kaum etwas zu sehen. Aber weniger ist ja bekanntlich mehr.

Um auf die Insel Feuerland zu gelangen, muss man vom Festland aus die berühmte Magellanstraße mit der Fähre überqueren. Diese Meerenge wurde 1520 vom portugiesischen Seefahrer Fernão de Magalhães entdeckt und verbindet an dieser Stelle den Atlantischen und Pazifischen Ozean. Bei der ersten Durchfahrt sahen die Seeleute auf der Südseite nachts viele Feuer lodern und nannten das Eiland daher Tierra del Fuego, Feuerland.

Mein zweiter Platten innerhalb von zwei Wochen – so langsam bekam ich Routine im Reifenreparieren. Das nahende Gewitter verlieh mir Flügel, und im Nu saßen wir wieder auf den Maschinen.

Die südlichste Stadt der Welt

Vom stetigen Wind und den niedrigen Temperaturen kurz vor Ushuaia ermüdet, entwickelte sich die Suche nach einer Bleibe in der Stadt zu einer ausgewachsenen Meinungsverschiedenheit. Da wir uns auf nichts einigen konnten, kippte kurz vor Ushuaia die Stimmung, wir gifteten uns eine Weile an und rollten bei Nieselregen mit nicht gerade der besten Laune in die südlichste Stadt der Welt ein. Nach einer Tasse Kaffee suchten wir noch einmal nach einer passenden Unterkunft. Ich war von den hohen Preisen abgeschreckt und schlug vor, zu campen und am nächsten Tag nochmal in Ruhe zu schauen. Papa willigte in diesen Vorschlag irgendwann resigniert ein, und so fuhren wir dann, nun schon bei Dunkelheit, zu einem in der App iOverlander markierten Campingplatz am Rande der Stadt. Bei unserer Ankunft mussten wir feststellen, dass sowohl dieser Platz als auch der nächste geschlossen war. Die Gegend mit heruntergekommenen Häusern, bellenden Hunden und nicht beleuchteten Straßen war uns außerdem nicht sonderlich geheuer. Ich erinnerte mich, dass wir kurz vor der Stadt eine Wiese an einem kleinen Bach gesehen hatten, also versuchten wir, diese wiederzufinden. Nach langer, aber erfolgreicher Suche konnten wir endlich unser Zelt aufbauen und legten uns, wenngleich immer noch mies gelaunt, schlafen.

Nach einem frischen Kaffee am nächsten Morgen sah die Welt schon wieder besser aus, und wir fanden online eine nette Ferienwohnung, die wir für die kommenden drei Nächte buchten. Es war dringend nötig, unsere Klamotten zu waschen sowie das Zelt zu reinigen, da die Reißverschlüsse immer schlechter funktionierten. Nach getaner Arbeit hatten wir beide unsere schlechte Laune abgelegt und freuten uns darauf, nun die Stadt zu erkunden. Ushuaia konkurriert mit Puerto Williams, das auf der Insel Navarino wenige

---

In Ushuaia kommt das Bier nicht aus dem Hahn, sondern aus dem »Pinguin-Rachen«. Nach mehreren »Pinguinen« konnte ich bestätigen, dass es trotzdem ganz gut schmeckte.

SALIDA
L'ÎLE DE
MA

Kilometer südlich von Ushuaia liegt und zu Chile gehört, um den Titel der südlichsten Stadt der Welt. Das argentinische Ushuaia ist jedoch deutlich bekannter und mit gut 60 000 Einwohnern auch um einiges größer.

Es war die erste Stadt seit Langem, die Bars und Restaurants zu bieten hatte, und wir genossen es durchaus, mal wieder in einer touristischen Gegend unterwegs zu sein. Der Besuch des südlichsten Hard Rock Cafés der Welt war ein Muss. Zudem trafen wir uns hier mit Angelika und Gerhard, Bekannten aus unserer Heimat. Die beiden waren die letzten drei Wochen mit einem Jeep die Carretera Austral nach Süden gefahren und konnten uns somit wertvolle Tipps für unsere weitere Route geben. Wir ließen uns den guten argentinischen Wein schmecken und probierten typisch patagonisches »cordero«. Dafür wird ein ganzes Lamm aufgeschnitten und an allen vier Füßen an einem Gestell segelartig aufgespannt. Mehrere Lämmer werden dann im Kreis um ein offenes Feuer gereiht und so stundenlang gegart. In den Restaurants ist das Feuer meist durch ein Fenster von der Straße aus zu sehen.

Die Natur um Ushuaia herum ist durchaus beeindruckend. Hohe, teils schneebedeckte Berge, die direkt ins Meer übergehen, waren ein schöner Anblick nach all den langweiligen Kilometern durch die argentinische Pampa.

Nach dem obligatorischen Bild in Lederhose vor dem Ushuaia Schriftzug machten wir uns auf den Weg zum Ende einer Schotterpiste, dem, wie es auf der Karte schien, wohl am südlichsten mit einem Fahrzeug zu erreichenden Punkt auf unserer Erde.

Unser erstes großes Etappenziel Ushuaia bekam dank gutem Wetter vier stramme bayerisch-schwäbische »Wadeln« in Lederhosen zu sehen.

Weiter südlich geht es mit dem Motorrad auf dem Land nicht. Außerhalb Ushuaias schlugen wir am südlichst anfahrbaren Punkt unser Nachtlager auf – ein unvergessliches Erlebnis.

Am Ende der Welt

S 54°58.521' W 066°44.675' – »Fin del Mundo«. Wir kamen am 18. November, sechs Wochen und rund 8700 Kilometern nach unserem Start in Buenos Aires, am Ende der Welt an. Südlicher kann man nicht mehr fahren. Diese Koordinaten, die sich für die meisten wohl eher als schnödes Zahlenwerk darstellen, hatten für mich in zweifacher Hinsicht ganz besondere Bedeutung. Der Blick auf mein Navi stimmte mich nachdenklich.

Vor siebeneinhalb Monaten hatte ich meine Heimat verlassen, ohne dass ich so recht wusste, was mich erwarten würde. Ich konnte es kaum fassen, dass ich nun das Ende der Welt erreicht hatte. Noch außerordentlicher war die Tatsache, dass ich mich hier gemeinsam mit meinem Sohn auf unseren Motorrädern befand. Etwas mehr als 23 Jahre, nachdem er das Licht der Welt erblickte, waren meine Gedanken bei seiner Geburt und dem Tag, als ich ihn vom Krankenhaus abgeholt und nackt auf meinem Unterarm getragen hatte. Seinen Kopf in meiner rechten Hand reichte sein Rumpf gerade mal bis an meine Armbeuge. Wie unfassbar schnell doch die Zeit vergangen ist, dachte ich mir, als ich diesen 1,97 Meter großen, erwachsenen Mann auf seinem Motorrad betrachtete. Meine Gefühle übermannten mich fast, und ich war froh, dass in diesem Moment mein stolzes Lächeln mit den feuchten Augen unter meinem Helm nur mir gehörte. Und mir war bewusst, welch großes Geschenk mir zuteilwurde, das den meisten Vätern sicherlich nicht gegönnt ist.

Für mich war dieser Platz aber auch ein Wendepunkt. Denn am 230. Tag seit meinem Start änderte sich nun die Haupt-Reiserichtung. Führte mich seit April mein Weg immer gen Süden, würde ich nun für die nächsten Monate in entgegengesetzter Richtung unterwegs sein. Wenn alles gut ginge, würden es rund acht Monate und vielleicht weitere 30 000 bis 40 000 Kilometer sein, bis ich Prudhoe Bay in Alaska erreicht hätte, dachte ich damals. Gedanken, die mir vor nicht allzu langer Zeit unvorstellbar erschienen.

Dass wir dort unbedingt zelten mussten, bedurfte keiner Diskussion. Wir fanden ein paar Grad nördlicher einen passenden Platz, an dem wir unser für immer südlichstes Nachtlager aufschlugen. Wir genossen den Moment sehr und waren ganz Jungs. Wir warfen große Steine von der Klippe ins Wasser, versuchten dabei, herausstehende Felsen zu treffen und starrten ewig auf die raue See, ohne ein Wort zu wechseln.

Marco ließ es sich natürlich auch an diesem besonderen Ort, an dem sich Atlantik und Pazifik treffen, nicht nehmen, bei deutlich einstelligen Wassertemperaturen ein Bad zu nehmen. Danach genossen wir ein Bier und pafften dazu eine dicke kubanische Zigarre. Nach dem Verzehr der obligatorischen Thunfisch-Pasta sammelten wir noch vor der einbrechenden Dunkelheit Holz und entzündeten ein Lagerfeuer. Beide waren wir dann für lange Zeit in unseren Gedanken versunken. Welch ein unvergesslicher Tag in unserem Leben, da waren wir uns einig.

Ganz im Süden wurde ich dann endlich ganz großen Ballast los – die Zigarren hatte ich in Sansibar geschenkt bekommen und heimlich im Gepäck mitgeschmuggelt.

Südamerika in Aufruhr

In Südamerika brodelte es. Neben Venezuela, wo schon seit Längerem teils bürgerkriegsähnliche Zustände herrschten, kam es mittlerweile auch in Kolumbien, Ecuador und vor allem in Bolivien und Chile zu teils heftigen Protesten und Demonstrationen.

Chile gilt als eins der reichsten Länder Südamerikas. Zudem hat das Land seit dem Ende der Militärdiktatur von Augusto Pinochet 1990 am längsten eine demokratisch gewählte Regierung. Dennoch gab es dort seit mehr als zwei Monaten teils heftige Proteste und Ausschreitungen gegen die Regierung. Eine vergleichsweise unbedeutende Preiserhöhung für U-Bahn-Tickets in Santiago de Chile um nur 30 Pesos (umgerechnet knapp vier Cent) war der Auslöser dieser Protestaktionen, die sich überwiegend auf die Hauptstadt und andere, vor allem größere Städte konzentrierten.

Aber wie war es möglich, dass marginal teurere Bahnkarten ein ganzes Land ins Chaos stürzen konnten? Die Erhöhung war wohl nur der berühmte Funke ins Pulverfass. Die Gründe sind tiefgreifender. Schon lange störte die Bevölkerung die große Ungleichheit, die laut der Wirtschaftskommission für Lateinamerika und Karibik hier so groß ist wie sonst fast nirgendwo auf der Welt. Das reichste Prozent der Bevölkerung besitzt mehr als ein Viertel des nationalen Vermögens, die Hälfte aller Chilenen besitzen dagegen nur etwas mehr als zwei Prozent. Neben den U-Bahn-Tickets sollten auch noch die Strompreise erhöht werden. Lebensmittel wie auch Elektrizität, Wasser und Internet haben hier ein vergleichbares Preisniveau wie in Europa. Dabei verdient ungefähr die Hälfte der Chilenen nicht mehr als 400 000 Pesos, umgerechnet rund 420 Euro im Monat.

Wir verließen den chilenischen Teil Feuerlands von Porvenir aus mit der Fähre ein weiteres Mal über die Magellanstraße. Delfine begleiteten unseren Weg über das Wasser. Ich genieße solche Fährfahrten, geben diese doch einen anderen Blick aufs Festland wieder. Außerdem wirken sich diese auf mich unheimlich beruhigend aus, zudem hat man Zeit zum Nachdenken und um Erlebtes Revue passieren zu lassen.

Punta Arenas war die erste Stadt, in der die Auswirkungen der anhaltenden Proteste sichtbar waren. Die Banken waren größtenteils geschlossen, alle Geschäfte mit Stahl-/Holzkonstruktionen verbarrikadiert und meist nur mit kleinen bewachten Eingängen versehen, um Beschädigungen und Plünderungen bei Demonstrationen vorzubeugen. Wir wussten aus Gesprächen mit Einheimischen, dass es in ländlichen Gebieten eher ruhig war, sich die Proteste dagegen meist auf größere Städte konzentrierten. Und wir hatten noch einen Vorteil: Es waren bereits die Sommerferien angebrochen. Somit waren die Studenten, der maßgebliche und auslösende Teil der Demonstranten, größtenteils zu Hause bei ihren Familien. Daher hatte sich die Lage einigermaßen beruhigt. Im März, wenn die Ferien zu Ende waren, könnte es wieder schlimmer werden, befürchteten viele.

Die Atmosphäre war zwar trotz angekündigter Demonstrationen und Streiks entspannt und friedlich, nichtdestotrotz waren wir besonders wachsam, als wir die Innenstadt an diesem kühlen, aber frühlingshaften Tag besuchten. Bei einer Tasse Kaffee planten wir unseren weiteren Weg, der uns nun in die mit Spannung erwarteten Anden, den mit 7000 Kilometern längsten und zweithöchsten Gebirgszug der Erde, führen sollte.

Apropos »Wir planten …«: Eigentlich war es immer Marco, der Pläne machte, Routen vorschlug bzw. festlegte. Routenplanung war zeitweise sogar ein Reizthema zwischen uns. Ich konnte seinen schnellen Wechseln zwischen maps.me, Google Maps, iOverlander und weiteren Apps auf dem kleinen Display des Handys meist nicht folgen. Die Kartenausschnitte waren mir zu klein oder beim Herauszoomen mit zu wenig Informationen versehen, sodass ich schon bald zu Anfang unserer Reise resignierte und ihm 99 Prozent der Planung überließ. Natürlich machte er das perfekt und stimmte sich auch mit mir ab. Aber irgendwie nervten mich die ständigen Phrasen wie »Stell dich nicht so an« oder »Ist doch alles ganz easy«. Als Vertreter der »Generation Golf«, der noch dazu eine Ausbildung als Vermesser absolviert hatte, sind mir heute noch eine anständige Karte aus Papier und ggf. ein Kompass das vertrautere Werkzeug. »So haben wir das früher gelernt und sind damit überall durchgekommen«, sagte ich ihm. Sein Kommentar darauf: »Ja, ja, früher, als die Gummistiefel noch aus Holz waren.« Wir brachen in schallendes Gelächter aus, und das Thema war erledigt.

Verbarrikadierte Läden und Banken wegen der Proteste (oben).
Jede Brücke hat hier einen Namen, und wenn sie nur
»Puente Sin Nombre« (Brücke ohne Namen, unten) heißt.

Die knapp 20 Kilometer breite Bergkette Cordillera del Paine mit ihren massiven Granitwänden ließ einen nicht nur im Licht der untergehenden Sonne ziemlich klein und unbedeutend vorkommen.

Der Südwesten

Faszination der Anden

Türme des blauen Himmels

Von Puerto Natales aus fuhren wir bei strahlend blauem Himmel den schneebedeckten Bergen entgegen, die hier aussehen, als würden sie ins Meer münden. Ein Anblick, der mich als Wintersportfan und Bergfreund in einen Glückstaumel versetzte. Ab und zu ertappte ich mich bei dem Gedanken, wie es wohl wäre, die Tourenski auf dem Motorrad dabeizuhaben. Nach einigen Kilometern verließen wir die geteerte Hauptstraße und bogen auf eine gute Schotterpiste ab, die uns Richtung Nationalpark führte.

Torres del Paine ist einer der bekanntesten Nationalparks des ganzen südamerikanischen Kontinents. Völlig zu Recht, wie sich herausstellen sollte. Nachdem jeder von uns gut 35 Dollar Eintritt bezahlt hatte, ging es vorbei an türkisfarbenen Seen und majestätischen Bergen, mit atemberaubenden Ausblicken auf unfassbar große und weite Gletscher am Horizont. Als wir kurz vor dem Campingplatz am Ufer des Lago Pehoé waren, den uns Angelika und Gerhard empfohlen hatten, trauten wir kaum unseren Augen. Vor uns tat sich das Wahrzeichen des Nationalparks auf: die Gebirgskette Cordillera del Paine. Wir bauten schnell das Zelt auf und gingen zum Sonnenuntergang die hundert Meter zum See hinunter. Die untergehende Sonne ließ dieses über 20 Kilometer breite Felsmassiv orange aufleuchten und formte ein unvergessliches Motiv. Vermutlich einer der schönsten Sonnenuntergänge und definitiv der beeindruckendste, den ich mit meinem Vater auf dieser Reise teilen durfte. Im Nachhinein wurde uns bewusst, warum der Park diesen Namen trug: »Paine« bedeutet in der Sprache der Ureinwohner Patagoniens himmelblau, »Torres del Paine« sind also die Türme des blauen Himmels – wie zutreffend.

Charakteristisch ist die geologische Schichtung der Gipfel. Entstanden sind diese durch Magma-Einschlüsse in Sedimentschichten, die jedoch nicht die Oberfläche durchbrachen, wie es bei Vulkanen der Fall ist. Dadurch formte sich zwischen dem dunklen Sedimentgestein eine helle Granitschicht. Durch Gletscher verursachte

Erosionsprozesse legten die unterschiedlichen Schichten vor gut zwölf Millionen Jahren frei.

Am darauffolgenden Tag teilten wir uns auf, da ich zu den Türmen laufen wollte. Eine gemeinsame Wanderung wäre sicher toll gewesen, jedoch wollte Papa das seinen in die Jahre gekommenen Knien nicht mehr antun. Ich traf mich dafür mit Simon, einem Belgier, den wir das erste Mal auf der Peninsula Valdés getroffen hatten, und wir starteten zum Aussichtspunkt Base de las Torres. Da es vermutlich die bekannteste Wanderung im Nationalpark ist, waren auch viele Besucher unterwegs, die noch nie einen Wanderweg unter den Schuhen hatten. Manches Schuhwerk wäre eher für einen Besuch am Strand geeignet gewesen.

Nach einem wahren Spießrutenlauf vorbei an Leuten in Sandalen, Jeans und mit Handtaschen kamen wir verschwitzt am Aussichtspunkt an und hatten für patagonische Verhältnisse richtig Glück mit dem Wetter. Bei circa 10 °C und nur leichtem Wind konnten wir alle drei Türme am Ende des Sees in den Himmel ragen sehen. Ein

Den wilden Guanakos – Verwandte von Lamas und Alpakas – begegnete man häufig im Nationalpark. Sah man eines bei voller Fahrt am Straßenrand, war Vorsicht geboten.

beeindruckender Anblick, der mich ein wenig an die drei Zinnen in Südtirol erinnerte.

Zurück am Campingplatz tauschten wir uns bei einem Bier über die Erlebnisse des Tages aus. Armin hatte eine kleine Wanderung zum Grey-Gletscher unternommen und riesige Eisberge im gleichnamigen See sehen können. Als krönenden Abschluss konnten wir am Abend noch einen jungen Puma beobachten, der keine 50 Meter von unserem Zelt entfernt über den Campingplatz lief.

Die geologischen Strukturen in Patagonien sind zu jeder Jahreszeit faszinierend – doch der frisch gefallene Schnee sorgte zusätzlich noch für einen schönen Kontrast.

Begegnung mit Eisriesen

Ich weiß gar nicht, wann oder ob mich überhaupt schon einmal in meinem Leben eine Landschaft so fasziniert hat und die ich, wie in diesem Fall die 20 Kilometer breite Cordillera Paine, stundenlang regelrecht angestarrt habe. Ein wenig wehmütig verließen wir diesen sensationellen Platz im Nationalpark Torres del Paine am darauffolgenden Tag.

Auf dem weiteren Weg – nun wieder in Argentinien – nach El Calafate wurde uns einmal mehr die Weite des Landes vor Augen geführt, als wir auf der Ruta Nacional 40 über eine Kuppe kamen und sich uns ein vorher nie erlebtes 180-Grad-Panorama bot. Die Weite

Der Perito-Moreno-Gletscher ist einer der größten Auslassgletscher des patagonischen Eisschildes – die Höhe der Kalbungsfront auf dem Bild beträgt gigantische 50 bis 70 Meter.

Die Gletscherfront schiebt sich alle zwei bis vier Jahre so weit nach vorne, dass der See Brazo Rico auf der linken Seite komplett abgeschnitten wird und der Seespiegel bis zu zehn Meter ansteigt (li.).

An der Kalbungsfront des Perito-Moreno-Gletschers bekommt man mit etwas Glück massive Eisabbrüche zu sehen. Wir sahen einen solchen mindestens 30 Meter hohen Abbruch, was uns einfach nur staunen ließ (re.).

der Río-Santa-Cruz-Ebene, der Lago Argentino und die dahinterliegende, noch mindestens 200 Kilometer entfernte Andenkette ließen uns verstummen und staunen. Wie klein und eng doch zu Hause alles ist, dachte ich bei mir.

El Calafate, südlich am Lago Argentino gelegen, war in den ersten Jahrzehnten des 20. Jahrhunderts lediglich ein Versorgungspunkt für Wolltransporte der umliegenden »estancias« (Ranches) und wurde erst 1927 offiziell von der argentinischen Regierung gegründet. Der Aufstieg zur Stadt begann 1943 mit der Einrichtung der Verwaltung des Nationalparks Los Glaciares. Heute ist Calafate das Zentrum des Tourismus für den Nationalpark mit dem bekannten Gletscher Perito Moreno am Fuß der Anden. Für uns war der Ort der Ausgangspunkt, um dem Eisriesen, einer der größten Touristenattraktionen Argentiniens, einen Besuch abzustatten.

Wir schlugen auf einem Campingplatz im Ort unser Nachtlager auf und gingen bummeln. Ich wollte mir endlich einen warmen Pullover besorgen, denn die Anden mit ihren gewaltigen Höhen ließen nicht auf wärmere Temperaturen hoffen. Dafür versprach die La Zorra Bar mit eigener Brauerei einen genussvollen Abend. Aus der Wand hinter dem Tresen ragten zwölf verschiedenfarbige Zapfhähne, aus denen unterschiedliches Bier floss, das probiert werden wollte. Als dann später noch Simon, der junge Belgier, dazustieß und sich der Abend mehr zu einem »Jugendtreff« entwickelte, machte ich mich – bereits im Regen – auf in mein Zelt.

Ich habe nicht mitbekommen, wann Marco ins Zelt kroch. Dass er allerdings erst gegen Mittag den Tag mit einem gequälten »Guten Morgen« begrüßte, zeugte von einer langen, feuchtfröhlichen Party, die uns dann letztendlich eine weitere kalte und regnerische Nacht im Zelt bescherte. Dass diese Entscheidung die richtige war, zeigte sich am Abend im Restaurant. Der Koch lächelte immer wieder zu uns herüber und gab uns zu verstehen, dass er gestern einen lustigen Abend hatte. Erst nach und nach realisierte Marco, dass sie wohl bei derselben Party waren, und ihn dann allmählich auch wiedererkannte. Typisch Jugend, dachte ich mir. Bis in die Puppen feiern und dann einen ganzen Tag zum Regenerieren brauchen – das hat's in meiner Jugend nicht gegeben.

Bei bewölktem Himmel, aber trocken, starteten wir somit erst am darauffolgenden Tag. Man kann am Perito Moreno quasi bis zur Gletscherzunge fahren. Wir entschieden uns daher kurz vor dem Eingang zum Nationalpark, nochmals wild zu campen, um gleich bei Öffnung des Parks um 8 Uhr die 30 Kilometer zum Gletscher zu fahren.

Der Perito Moreno ist einer der gewaltigsten Auslassgletscher des Campo de Hielo Sur, des größten Gletschergebiets der Anden. Die Gletscherzunge ist 30 Kilometer lang, die Kantenlänge beträgt am Ende rund 4,4 Kilometer, und die Kalbungszunge ragt zwischen 40 und 70 Meter am südlichen Ausläufer des Lago Argentino empor. Zeitweise trennt diese die Ausläufer des Sees und lässt dann den Wasserspiegel des südlicheren Brazo Rico um bis zu zehn Meter aufstauen. Mir fiel dazu nur ein Wort ein: gigantisch!

Krönung des Tages war, dass wir Augenzeugen einer Kalbung wurden. Das abgebrochene Stück Eis war schätzungsweise 30 Meter hoch und verursachte neben einem Gänsehaut-Geräusch eine explosionsartige Gischt. Ein weiteres Mal wurde mir bewusst, wie gewaltig die Natur ist, wie klein wir Menschen sind und wie glücklich ich mich schätzen konnte, dies alles mit meinem Sohn erleben zu dürfen. Durchgefroren, aber mit einem Lächeln im Gesicht verließen wir den Gletscher in Richtung El Chaltén, dem Bergsteiger-Mekka in den südlichen Anden.

Fifty shades of blue – ein Anblick,
den wir über mehrere Stunden bewunderten.

Der rauchende Berg

El Chaltén war einer der Orte, den ich schon vor Abflug nach Südamerika auf meiner Liste stehen hatte und unbedingt besuchen wollte. El Chaltén heißt in der Sprache der Ureinwohner »Rauchender Berg«, abgeleitet von der häufig am Gipfel des Berges Fitz Roy zu findenden Wolkenfahne. Eine solche Fahne bildet sich meist an der windabgewandten Seite eines Berggipfels durch Kondensation von Luftmassen.

Schon der Weg in Richtung El Chaltén verlief bereits durch eine unglaubliche Szenerie. Entlang des Lago Viedma fuhren wir gut 80 Kilometer auf den Ort und die dahinterliegende Bergkette zu

Fitz Roy – wohl einer der mystischsten Berge dieser Erde, dessen Gipfel häufig von einer weißen Wolkenfahne umhüllt ist.

– ständig den Blick auf die bei Alpinisten berüchtigten Berge Fitz Roy und Cerro Torre gerichtet. Ich hoffte inständig auf gute Sicht, bei der Fahrt zu dem kleinen Bergsteigerdorf hatte ich ein bestimmtes Motiv im Kopf. Dementsprechend glücklich war ich, als ich meinen Vater auf dem Motorrad vor dem markanten, nur leicht wolkenverhangenen Gipfel ablichten konnte. Nicht perfekt, aber dennoch eines meiner liebsten Bilder von dieser Reise. Die Landschaft wirkt umso gewaltiger, wenn man bedenkt, dass der Gipfel des Fitz Roy mit 3406 Metern knapp drei Kilometer höher als Papas Kopf auf dem Bild ist.

Wir fuhren in das Dorf hinein. Ich, Feuer und Flamme, endlich hier zu sein, und Papa, nicht ganz so gut gelaunt, weil ihm seit ein paar Tagen der Rücken weh tat, wir viele Kilometer gefahren sind und er sich nach Afrika immer noch nicht so recht an die patagonischen Temperaturen gewöhnen konnte. Wir suchten uns einen Zeltplatz, und ich kam gleich mit einer Gruppe junger Leute ins Gespräch, die eine Ausbildung zum Outdoor-Trainer machten und einen mehrwöchigen Kletterkurs absolvierten. Am liebsten hätte ich mir gleich selbst die Kletterschuhe angezogen und mich ihnen angeschlossen.

Nach einer kleinen gemeinsamen Wanderung mit Papa am Nachmittag, bei der wir die majestätischen Kondore bewundern konnten, begann es zu regnen. Das und eine weitere unangenehme Nacht im Zelt hellten Papas Stimmung nicht gerade auf. Unterschiedliche Erwartungen und Pläne führten letztendlich dazu, dass wir für ein paar Tage getrennte Wege gingen. Ich konnte die schlechte Laune gerade nicht brauchen und Papa meine Begeisterung für das Dorf in den Bergen nicht so ganz teilen. Also nahm er sich für ein paar Nächte eine kleine Hütte in einem Ort gut 100 Kilometer weiter an unserer geplanten Route. Die Hütte hatte ein richtiges Bett und wir hofften beide auf Besserung seiner Rückenprobleme.

In der Zwischenzeit hatte ich wieder mit Simon Kontakt aufgenommen, und auch er war in El Chaltén eingetroffen. Wir schmiedeten also am Abend Pläne für eine mehrtägige Wanderung auf einem Trail namens Vuelta de Huemul. Früh am Morgen liehen wir noch einen Klettergurt, Karabiner und ein Seil aus, das wir für zwei Flussüberquerungen brauchen würden. Da wir beide recht fit waren und

---

Folgende Doppelseite: Bereits in Deutschland schwebte mir exakt dieses Motiv vor – mein Vater auf dem Motorrad vor dem majestätischen Fitz Roy. Als das Foto dann dank gutem Wetter im Kasten war, war ich überglücklich.

ich nur einen kleinen Rucksack dabeihatte, entschieden wir uns dafür, die normalerweise viertägige Runde in drei Tagen durchzuziehen, vor allem um nicht so viel Proviant mitschleppen zu müssen. Die Wetteraussichten waren passabel, die Ranger des Nationalparks, bei denen wir uns für diese Runde registrieren musste, warnten jedoch vor schnellen Wetterumschwüngen. Die kommenden drei Tage waren Balsam für Auge und Seele und eine Qual für Schenkel und Waden. Kein Wunder bei 65 Kilometern und 2400 Höhenmetern, dazu Rucksäcken inklusive Zelt, Isomatte, Schlafsack und Kocher.

Nicht nur die Wanderung war ein richtiges Abenteuer, auch die Gerichte, die Simon in seinem Campingkocher zubereitete, verdienten das Prädikat »abenteuerlich«: Nudeln mit halb gekochten Kartoffeln und als Soße das Nudelwasser – ich bin mir nicht sicher, ob das in Belgien als Delikatesse gilt. Zum Sattwerden reichte es, und für den Genuss hatten wir noch zwei Flachmänner dabei.

Am Mittag des zweiten Tages erreichten wir nach einer kurzen Gletscherquerung und unzähligen, harten Höhenmetern den Paso

Beim Anblick der Gletscherlandschaft des 2751 Meter hohen Cerro Grande fühlte ich mich zu Hause – die Berge Patagoniens waren bereits vor der Reise ein Highlight für mich, und nun war ich mittendrin.

del Viento. Der Anblick, der sich uns bot, verschlug einem fast den Atem. Noch nie in meinem Leben habe ich eine so riesige Eisfläche gesehen. Von allen Seiten schoben sich weiße Gletscherzungen zusammen, Richtung Westen war kein Ende auszumachen. Mir blies wahrlich der Wind in den Mund, so weit war meine Kinnlade heruntergefallen. Richtung Westen dehnt sich der Gletscher, der nur ein vergleichsweise kleiner Teil des Southern Patagonian Icefield ist, bis zum Horizont aus. So saßen Simon und ich also da und genossen sprachlos bei strahlendem Sonnenschein die wahrscheinlich spektakulärste Brotzeit unseres Lebens.

Wir schauten, dass wir weiterkamen, da wir an diesem Tag Etappe zwei und drei schaffen wollten. Nach einem nicht enden wollenden, aber traumhaften schönen »Hatsch« entlang dem Rand des Eisfelds half uns am Ende der sehr starke Westwind etwas und schob uns den Anstieg zum Paso Huemul hoch. Wir erblickten schon die Stelle, wo unser Schlafplatz sein würde, in einer Bucht am See neben der Gletscherzunge des Viedma-Gletschers. Leider galt es, bis dorthin noch gut 1000 Höhenmeter abzusteigen. Dieser Abstieg entpuppte sich als einer der gefährlichsten, der mir bisher untergekommen ist. Gespickt mit losem Geröll, Kraxelpassagen und insgesamt einfach nur unfassbar steil. Simon und ich waren erleichtert und »brezlfertig«, als wir unten heil ankamen. Nach einem diesmal etwas besseren Abendessen schliefen wir sofort ein und wurden nur gelegentlich von den Geräuschen des kalbenden Gletschers aus dem Schlaf geweckt.

Als wir am darauffolgenden Tag nach vielen Kilometern auf flachen, wenig spektakulären Wanderwegen wieder in El Chaltén ankamen, belohnten wir uns auf argentinische Art und Weise mit kühlem Bier und zartem Steak.

Am nächsten Morgen sattelte ich mein Motorrad und machte mich auf den Weg zu Papa. Auch wenn es nur gut 100 Kilometer waren, fühlte es sich ganz anders an, allein mit dem Motorrad durch die einsame argentinische Berg- und Steppenlandschaft zu fahren. Ein schwer zu beschreibendes, völlig anderes Gefühl von Freiheit, mit weniger Sicherheit und dadurch mehr Nervenkitzel. Ich freute mich jedoch schon unfassbar darauf, meine Erlebnisse mit meinem Vater zu teilen.

Eintauchen in den Frühling

Nachdem wir die letzten drei Tage getrennt »altersgerechten« Beschäftigungen nachgegangen waren, trafen wir uns am Montagmorgen in Tres Lagos in meiner gemieteten Hütte zum gemeinsamen Frühstück wieder. Meinem Rücken ging es nach den Nächten in einem warmen Bett wieder deutlich besser, und Marco erzählte mit Begeisterung von seiner Bergtour mit Simon am Fitz Roy.

Noch vor Mittag brachen wir Richtung Norden auf, nicht ohne zuvor unsere Tanks inklusive meiner beiden Reservekanister randvoll zu füllen. Frühestens knapp 400 Kilometer weiter auf der Ruta Nacional 40, in Bajo Caracoles, sollte es eine private Tankstelle geben. Und laut Angaben in iOverlander war es nicht sicher, ob wir dort Sprit bekommen würden. Es war bewölkt, windig und kalt, als wir gut sechs Stunden später die beiden Zapfsäulen, übersät mit unzähligen Aufklebern von anderen Reisenden, erreichten. Laut den Angaben in der App war dort manchmal schlichtweg kein Sprit verfügbar, und es hing wohl auch von Lust und Laune des Besitzers ab, ob dieser sich aus seinem dazugehörenden Café bewegte, um die Pumpen anzuschalten. Doch wir hatten Glück. Kaum waren wir dort, kam ein vielleicht 12-/13-jähriger Junge auf uns zu, schaltete die Pumpen an und ließ uns für mehr als das Doppelte des normalen Spritpreises tanken. Zumindest waren wir damit die Sorge los, uns vielleicht zum ersten Mal auf unserer Reise trocken zu fahren, lag die nächste Tankstelle auf unserer geplanten Route schließlich noch 200 Kilometer entfernt.

Gestärkt mit einem heißen Kaffee verließen wir kurz darauf die RN40 Richtung Westen. Wir wollten über den Paso Roballos ein weiteres Mal nach Chile einreisen. Über eine teils üble Piste mit tiefem, grobem Schotter und oftmals scharfkantigen Felsen fuhren wir bis

Überall am Wegesrand im Süden Chiles fanden sich kleine Oasen wie dieser Wasserfall und Bach. Angenehm war hier auch, dass man das Wasser bedenkenlos trinken konnte.

Die einsamste – unter Reisenden jedoch wohl bekannteste Tankstelle Argentiniens (li. oben). Sie liegt auf dem Weg von Argentinien nach Chile zur Carretera Austral (Mi.).

Die Weidezäune werden so manchem Lama zum Verhängnis (li.). In Chile waren wir im Frühling und einem Meer von Farben angekommen (re.).

circa 30 Kilometer vor die Grenze, um dort an einem kleinen Gebirgsbach kurz vor Sonnenuntergang unser Nachtlager aufzuschlagen. Lediglich ein Gürtel- und ein Stinktier sowie diverse Vögel leisteten uns ein wenig Gesellschaft.

Früh am nächsten Morgen erreichten wir bei Sonnenschein den einsam gelegenen argentinischen Grenzposten. In einer kleinen Hütte saß ein junger, äußerst korrekter, aber freundlicher Soldat vor zwei großen Büchern, in die er unsere persönlichen Daten und die der Motorräder von Hand eintrug. Computer? Fehlanzeige! Ein weiteres Mal lächelten wir uns an und fragten uns, wie und vor allem wer die korrekte Ein- oder Ausfuhr unserer Fahrzeuge jemals würde nachvollziehen können. Im Gegensatz zu Afrika wird in Südamerika für in Deutschland zugelassene Fahrzeuge kein »carnet de passage«, der Reisepass eines Fahrzeugs für die zollfreie temporäre Einfuhr, benötigt. Man bekommt bei Einreise lediglich eine zeitweilige Einfuhrgenehmigung, deren Länge sich in der Regel nach der Gültigkeitsdauer des Visums richtet.

Auf dem Paso Roballos fuhren wir stundenlang dahin, ohne auch nur einer Menschenseele zu begegnen. Bei diesem Ausblick war das ein Hochgenuss.

Als wir den 17 Kilometer entfernten chilenischen Grenzposten erreicht hatten, an dem es nun wieder einen Computer gab, merkten wir bereits den Unterschied zur öden Pampa Argentiniens. Auf einer deutlich besseren Schotterpiste fuhren wir durch eine immer lebendiger werdende Landschaft. Es war auf einmal Frühling. Die Westseite des Gebirgszugs präsentierte sich bunt. Blumen und Sträucher blühten und dufteten. Auf der berühmten Carretera Austral, die auf weiten Strecken noch nicht geteert ist, passierten wir in Richtung Norden immer üppiger blühende Landschaften. Welch ein Genuss für unsere Sinne, nach den langen Wochen durch die trockene, so gut wie gar nicht bewachsene Pampa Argentiniens.

Einen schöneren Kontrast zwischen Frühling und Winter als im Süden Chiles gibt es kaum. Die bunten Farben brachten unsere Augen nach der braunen, öden Pampa Argentiniens zum Strahlen.

Am Straßenrand zogen immer wieder riesige Lupinenfelder
in den herrlichsten Farbtönen die Blicke auf sich.
Die wahre Schönheit liegt wie so oft im Detail.

Mysteriöse Marmorhöhlen

Auf dem Weg durch die blühenden Landschaften entlang der Carretera Austral mussten wir ordentlich Staub schlucken. Die Chilenen waren mit ihren Autos und Lkws ganz schön flott unterwegs auf den teils tiefen Schotterpisten. Die Kontraste, die sich uns hier im Süden Chiles boten, waren wie aus dem Bilderbuch. Bunt blühende Sträucher säumten die Straßenränder, vor uns schneebedeckte Berggipfel und immer wieder türkisblaue Seen und Flüsse. Das Wetter tat seinen Teil, wir waren beide richtig gut gelaunt und genossen jeden Kilometer durch diese traumhafte Landschaft. An der Westseite des Lago General Carrera, der ungefähr dreimal so groß wie der Bodensee ist, hatten wir unseren nächsten Stopp geplant. Ziel waren die dort am Seeufer gelegenen Marmorhöhlen. Da man diese nur vom Wasser aus bewundern kann, buchten wir eine Bootstour zu den Höhlen. Ich wollte das Ganze eigentlich mit dem Kajak erkunden, was aber mehr als das Dreifache gekostet hätte und dazu auch noch anstrengend sein soll. Papa freute sich also über die Entscheidung, ein Zodiac (mit Motor) zu nehmen.

Bei frühlingshaften Temperaturen ging es auf dem glasklaren Wasser los in Richtung der Höhlen. Der kalte patagonische Wind ließ uns auf dem Wasser schnell frösteln, und wir waren froh, als wir nach einigen Minuten Fahrt die ersten Höhlen erreichten. Die Marmorhöhlen bestehen übrigens gar nicht aus Marmor, sondern aus Kalkstein. Doch erstens klingt Marmorhöhlen besser als Kalkhöhlen, und zweitens erinnern die feinen, wellenartigen Strukturen an Marmor, daher der Name. Über die letzten 6000 Jahre schliff die beständige Bewegung des Wassers die Höhlen in das Kalkgestein. Teilweise reichen die Gänge mehrere Dutzend Meter in die Felswände hinein, manche sind so groß, dass man sogar mit dem Boot hindurchfahren kann – für mich hieß das immer: Kopf einziehen.

Folgende Doppelseite: Die Marmorhöhlen am Lago General Carrera erwarteten uns bei schönstem Wetter mit einer faszinierenden Farbkombination aus türkisem Wasser und buntem Gestein.

Das kristallklare Wasser des Sees reflektiert das Licht in fast unwirklicher Weise, sodass die Felswände in herrlichen Türkistönen schimmern. An manchen Stellen ist das Gestein komplett glatt und von gelben Streifen durchzogen, an anderen fein marmoriert und eher rau. Ein Anblick, wie man ihn sonst nirgendwo zu Gesicht bekommt.

Nach der nicht minder kalten Rückfahrt saßen wir noch kurz am Strand, um die weitere Route zu planen. In unsere Karte versunken hörten wir auf einmal ein »Grüezi« von hinten. Am Parkplatz standen Laura und Damian mit ihrem blauen VW-Bus. Die beiden Schweizer hatten wir einige Tage zuvor in El Chaltén kennengelernt, und wir wussten, dass sie ebenfalls in Richtung Norden unterwegs waren. Damian holte also vier kühle Erfrischungsgetränke aus dem Kühlschrank, und wir blieben allesamt noch etwas zusammen am Seeufer sitzen. Die beiden wollten am nächsten Tag die Höhlen besichtigen und noch eine Nacht in dem kleinen Ort am See bleiben.

Das Wasser schliff sich über die letzten Jahrtausende teils tief ins Gestein hinein. Fälschlicherweise glauben viele, es handle sich um echten Marmor, in Wirklichkeit ist es aber Kalkgestein.

Unsere Wege trennten sich somit wieder, jedoch nur für kurze Zeit. Wir kamen tags darauf an eine Baustelle mit Totalsperre der Straße, die nur für wenige Stunden am Nachmittag für den Verkehr geöffnet war. Ein Umfahren war nicht möglich, außer man wollte mehrere Hundert Kilometer Umweg in Kauf nehmen. Als Papa und ich uns durch die Kolonne an wartendenden Fahrzeugen vorbeischlängelten, sahen wir zu unserer Freude den blauen VW-Bus wieder. Die Schweizer hatten außerdem Begleitung von Tom und Sarah bekommen, die ihren Bus verpasst und deswegen das erste Mal ihr Glück als Anhalter versucht hatten. Sie wurden prompt nach weniger als fünf Minuten Wartezeit von Laura und Damian aufgegabelt. Da es schon spät war, als die Schotterstraße geöffnet wurde, entschieden wir uns, zusammen nach einem Schlafplatz zu suchen. An einer Flussbiegung des gewaltigen Río Ibáñez mit atemberaubender Aussicht auf die Berge verbrachten wir gemeinsam den Abend und die Nacht, wie auch die darauffolgenden Tage. Aus dieser zufälligen Begegnung hat sich eine bis heute währende Freundschaft entwickelt.

Das Wasser mag zwar beinahe tropisch aussehen.
Bei einer Wassertemperatur von unter 10 Grad war es uns dann aber doch zu kalt zum Baden.

Im Reich der Vulkane

Vor Beginn der Reise freute ich mich vor allem auf das Offroadfahren, da es bei uns ja kaum mehr ungeteerte Wege gibt, die mit dem Motorrad legal befahrbar sind. Im südlichen Chile sollte ich dann voll auf meine Kosten kommen, jedoch nicht immer so, wie ich es mir erhofft hatte.

Wir waren unterwegs in der Gegend um die Vulkane Villarrica, Llaima und Lonquimay im südlichen Chile. Entlang der Küste Südamerikas schiebt sich die ozeanische Nazca-Platte unter die terrestrische Südamerikanische Platte. Dies führte zur Entstehung von über 2000 Vulkanen in Chile. Wir fuhren Richtung Norden in den Nationalpark Conguillío, in dessen Zentrum der 3125 Meter hohe Vulkan Llaima aufragt. Die meisten Vulkane in dieser Gegend haben eine typische Kegelform und sind Stratovulkane, auch Schichtvulkane genannt, da sich mit jedem Ausbruch eine neue Schicht Lava und Lockermasse rund um den Vulkan ablagert. In dem Nationalpark ist der Einfluss des Vulkans über die vergangenen Jahrhunderte deutlich zu sehen, vor allem an den Stellen, an denen sich der Río Allipén in den Boden gegraben und so die unterschiedlichen Schichten freigelegt hat. Die schwarze Lavapiste, die auf den Vulkan zuführt, wirkte unwirklich wie aus einem Film. Nach einigen Kilometern entdeckten wir Fahrspuren, die über die Mondlandschaft die steilen Hänge des Vulkans hinaufführten. Nach einer kurzen Überlegung meinte Papa: »Also komm, lass es uns probieren.« Wir bogen von der präparierten Piste ab und fuhren hinein in das feine Vulkangestein, das an manchen Stellen mehr Staub als Gestein war. Mit unseren schweren BMWs und dem vielen Gepäck waren wir natürlich nicht gerüstet für steile Hänge im weichen Vulkanstaub, und irgendwann war dann an einer besonders steilen Rampe Schluss. Auch ich gab mich nach zwei Versuchen geschlagen, nachdem ich feststellte, dass es auf über 2500 Metern im wahrsten Sinne des Wortes atem(be)raubend ist, das Motorrad aufzuheben.

Wir rollten den Hang wieder hinunter und machten an einem glasklaren See unterhalb des Vulkans Pause. Im Park herrscht striktes

Campingverbot, doch offensichtlich reichten meine miserablen Schauspielkünste aus, um vor dem Motorrad kniend mit Inbusschlüssel in der Hand, dem Park-Ranger klar zu machen, dass wir ein Problem mit dem Motorrad hätten und heute nicht mehr wegkommen würden. Der Blick aus dem Zelt direkt auf den Vulkan mit schneebedecktem Gipfel war einfach zu grandios, als sich diesen entgehen zu lassen.

Am nächsten Tag ging es durch dichte Araukarienwälder aus dem Nationalpark hinaus und direkt in Richtung des 2865 Meter hohen Vulkans Lonquimay. Die Auffahrt zum Vulkan am Rande eines Skigebiets war einfach in die schwarzen, sandigen Hänge geschoben worden. Als wir über die Passhöhe fuhren, bot sich uns einer der spektakulärsten Anblicke, die wir beide je gesehen hatten. Wir waren auf der Höhe eines Nebenkraters, der 1988 zuletzt ausgebrochen war und circa zwei Jahre lang Lava spuckte. Der Lavastrom, der daraus resultierte, sprengte für unsere Verhältnisse jegliche Dimensionen. Das ganze Tal wurde davon aufgefüllt, und er zog sich wie ein schwarzes Band gut zehn Kilometer weit den Hang hinab. Am Ende des

Rund zehn Kilometer zieht sich der schwarze Lavastrom dahin. Er füllte nach der letzten Eruption eines Nebenkraters des Lonquimai, die im Dezember 1988 begann und zwei Jahre andauerte, das ganze Tal auf.

Lavastroms betrug seine Höhe immer noch 40 bis 50 Meter. Wieder einmal wurde uns gezeigt, wie anders die Dimensionen hier waren und welche Macht die Natur doch hat.

Direkt neben dem Lavastrom wuchsen auf dem fruchtbaren Vulkanboden saftig grüne Wälder. Wir konnten nicht anders, als einige Minuten innezuhalten und diese Szenerie zu bewundern.

Doch zu lange wollten wir nicht verweilen. Wir hatten uns dazu entschieden, dem Tal entlang des Lavastroms zu folgen, da auf der Karte ein Weg eingezeichnet war, der einen großen Bogen machte und nach gut 90 Kilometern wieder auf eine Teerstraße in der Nähe unseres Ausgangspunkts treffen sollte. Soweit der Plan.

Schon wenige hundert Meter nach der Passhöhe neben dem Vulkan wechselte der Boden von steinig zu sandig, und es wurde immer schwieriger, mit unseren schweren Motorrädern auf dem tiefen Boden die Kontrolle zu behalten. Unter solchen Bedingungen waren die dicken BMWs eine wirkliche Herausforderung. Der immer feinere Sand wurde irgendwann mehr zu einer rötlich-braunen Vulkanasche, die an manchen Stellen gut 20 Zentimeter tief war. Ich war

Mit die anstrengendsten 20 Kilometer auf unserer ganzen Reise: Mehrmals verloren wir beide in der tiefen Vulkanasche die Kontrolle über unsere mehr als 300 Kilogramm schweren Motorräder.

anfangs noch Feuer und Flamme und sah vor allem die Offroad-Herausforderung. Doch nachdem wir beide jeweils zweimal die Kontrolle über unser Fahrzeug verloren hatten und gestürzt waren, war auch ich auf dem Boden – oder dem Sand – der Tatsachen gelandet. Sowohl Papa als auch ich hatten bei einem Sturz den Fuß unter unsere Alukoffer gebracht und das Fußgelenk schmerzhaft verdreht. An diesem Tag fiel von Papa die normalerweise spaßig gemeinte Bemerkung »Ich bin zu alt für den Scheiß« in ungewohnter Häufigkeit. Irgendwie konnte ich ihn verstehen. Der Weg war wirklich kein Spaß, und gut 30 Grad in praller Mittagssonne machten es nicht gerade einfacher. Der Boden war so trocken und staubig, dass man als Hinterherfahrender mehrere hundert Meter Abstand halten musste, um überhaupt etwas sehen zu können.

Zu unserem Erstaunen kamen uns irgendwann zwei Mountainbiker entgegen, die sich auch sichtlich plagten. Weiß Gott, wieso die sich solch einen Weg antaten, waren es doch Einheimische und sollten die Bedingungen kennen. Sie versicherten uns aber, dass es in unsere Richtung nur noch gut ein Kilometer war, bis der Untergrund

Auf den in das Vulkangeröll des Llaima geschobenen kurvigen Pisten bot sich uns ein surreales Bild von schneebedeckten Gipfeln, spärlicher Vegetation und schwarzer Vulkanerde.

wieder von Asche zu Steinen wechseln würde. Wir machten ein Kreuzzeichen, als wir nach 20 Kilometern endlich wieder Schotter unter den Stollen hatten.

Gezeichnet von den Strapazen genossen wir das erfrischende Bad in einem See kurz vor Sonnenuntergang. Es tat gut, endlich den ganzen Sand aus den Augen und aus dem Gesicht zu waschen … Überraschenderweise schmeckten die Thunfischnudeln an diesem Abend so gut wie selten zuvor, und wir krochen bald nach dem Essen komplett erschöpft in unsere Zelte, an diesem Platz fernab jeglicher Zivilisation.

Rast mit Blick auf den 2865 Meter hohen aktiven Vulkan Lonquimai. Die Kegelform ist typisch für Stratovulkane, der Durchmesser seines elliptischen Kraters beträgt etwa 700 Meter.

Wild campen

Einsame Plätze, Lagerfeuer und nach Sonnenuntergang in den Schlafsack im Zelt kriechen – schon als Kind war ich davon fasziniert. Ich kann mich noch gut an die erste Zeltnacht mit meinem Vater im Garten erinnern. Ich war vielleicht fünf oder sechs Jahre alt, als er an einem Wochenende ein olivgrünes Zelt aus dem Keller kramte. Es stammte aus US-Armeebeständen, und er hatte es bei einer Übung des US-Militärs 1953 in der Nähe von Aalen stibitzt. Dieses Zelt bestand lediglich aus zwei schweren Baumwollplanen, von der jeder Soldat nur eine hatte und die dann am First zusammengeknöpft wurden. Aufgebaut wurde es lediglich mit acht

Abseits der Carreterra Austral in Chile fanden wir einen der schönsten Plätze zum Wildcampen. Mit Laura und Damian entzündeten wir ein Lagerfeuer im feinen Sand am Ufer eines Gletscherflusses.

Heringen und zwei Stangen, einen Zeltboden gab es nicht. Wer wie ich in den Neunzigern bei der Bundeswehr seinen Dienst geleistet hat, kennt diese Konstruktion noch, unterschieden sich die Zelte von US-Militär und Bundeswehr seit Kriegszeiten kaum.

Seit dieser Nacht war ich davon begeistert, auf diese abenteuerliche Art zu nächtigen. Viele weitere Zeltnächte folgten in den darauffolgenden Jahren. Mit meinem Vater, über Zeltlager zu Pfadfinderzeiten bis hin zu Familienurlauben mit Hauszelt in Italien. Auch Marco hat mit mir im Garten seine erste Nacht im Zelt verbracht inklusive Lagerfeuer und gegrillten Würstchen. Allerdings große Urlaube machten wir nicht mehr im Zelt. Camping in Form eines Wohnwagens war in seiner Kindheit und Jugend schon luxuriöser Standard bei uns.

Ich wollte auf meiner Reise Natur so hautnah wie möglich erleben. Und was bot sich da besser an, als zu campen, am besten in freier Natur? Nebenbei schont jede Zeltnacht auch das Reisebudget.

In Südamerika boten sich ganz besondere Möglichkeiten, die Natur durch wildes Campen noch intensiver zu erleben. Zum einen waren die Temperaturen hier im Gegensatz zu Afrika »camping-

Im Nationalpark Conguillío nutzten wir die wärmende Sonne für ein Bad im See. Anschließend wurde im glasklaren Wasser mal wieder die dringend notwendige Wäsche gemacht.

tauglicher«, und zum anderen mangelte es meist nicht an einem ganz wichtigen Element: Wasser. Wir fanden eine Fülle unglaublich schöner und einsamer Campspots, oftmals an kristallklaren Seen und Flüssen gelegen, die meist aus Gletschern gespeist wurden. Wasser zum Kochen und Waschen war somit in der Regel vorhanden. Nicht selten sammelten wir Holz und entzündeten ein Lagerfeuer oder wir bestaunten in dunkler Nacht einen unvorstellbar weiten Sternenhimmel. Wir führten mehr oder weniger tiefgründige Gespräche über Studium und Job, Politik, Klimaveränderung, Beziehungen und vieles mehr. Oder wir genossen, wie es wohl nur Männer können, schweigend ein, zwei Dosen Bier.

Knapp die Hälfte unserer gemeinsamen Nächte verbrachten wir so an einsamen Stränden, an Flüssen oder in den Bergen. Als wir eines Abends am Río Ibáñez bei eisigen Temperaturen am Lagerfeuer saßen, kurz vor Mitternacht ins Zelt krochen und es uns in unseren warmen Schlafsäcken gemütlich machten, bekam ich das wohl schönste Kompliment von meinem Sohn, als er zu mir sagte »Es ist echt cool mit dir Papa«. Für mich war das wie eine Liebeserklärung.

Wildcampen am Meer hat oft etwas Mystisches. Besonders stimmungsvoll: wenn nach Sonnenuntergang langsam der salzige Dunst vom Wasser heranzieht und alles mit einer leicht klebrigen Schicht bedeckt.

Begegnungen

Als ich meine Reise antrat, gab es für mich drei wesentliche Aspekte, die sich im Lauf der Vorbereitungen herauskristallisierten: In erster Linie sah ich es als eine riesige Herausforderung an, mit meinem Motorrad einmal über alle Kontinente um die Welt zu fahren. Ich war mir selbst beim Start noch keinesfalls sicher, ob und wie ich das überhaupt schaffen sollte. Zu viele Unwägbarkeiten wie mangelnde Erfahrung, Sprachkenntnisse, Einsamkeit, ein Unfall oder ernsthafte Erkrankung spukten immer wieder in meinem Kopf herum. Aber ich wollte mich ganz bewusst der Herausforderung und den damit einhergehenden Risiken stellen und wissen, ob

Internationale Weihnachten im argentinischen Bariloche, mit Tom und Sarah aus London und den Schweizern Laura, Markus, Rahel und Damian (von li.). Dazwischen Santa Claus in bayerischer Tracht.

ich das schaffen kann. Ohne einen Versuch zu unternehmen, wusste ich damals, würde ich mir mein Leben lang diese Frage stellen, und ich wollte nicht irgendwann dieser verpassten Chance nachtrauern.

Des Weiteren war da die große Neugier auf Natur, Landschaften und die vielen mehr oder weniger gefährlichen Tiere, die mich auf meiner Reise erwarten sollten und die ich bis dahin nur aus dem Zoo kannte.

Und vor allem wollte ich neue, unbekannte Menschen kennenlernen. Ich war neugierig auf Einheimische aus aller Herren Länder wie auch auf andere Reisende. Ich wollte selbst in Erfahrung bringen, ob denn nun die gängigen Vorurteile über Menschen anderer Kulturen, die das Reisen meist gefährlich machen sollten, der Realität entsprachen. Die meisten von denjenigen, die sich über die angeblich ach so gefährliche Welt ausließen, hatten meiner Erfahrung nach noch nicht viel mehr gesehen als umzäunte Hotels oder Clubanlagen, meist jedoch nicht Land und Leute selbst, über die sie sprachen. Ich hoffte inständig, auf das zu treffen, was fast ausnahmslos alle Individual- und Langzeitreisende berichteten: Die Welt ist wunderschön und ihre Bewohner freundlich, aufgeschlossen und hilfsbereit.

Daheim hatte ich ein gut funktionierendes soziales Umfeld und lernte durch meinen Beruf im Vertrieb auch regelmäßig neue Menschen kennen. Aber bis dato hatte ich noch keinen einzigen Menschen auf einem anderen Kontinent persönlich kennengelernt.

Während ich in Afrika sehr viel Kontakt mit Einheimischen und ihren mir bisher unbekannten Kulturen hatte, stellte sich in Südamerika am Anfang etwas Ernüchterung ein. Die ersten Länder, die wir in Südamerika besuchten, waren überraschend »europäisch«. Uruguay, der Süden Brasiliens, Paraguay oder Argentinien und Chile waren vom ersten Eindruck her nicht allzu weit entfernt von unserer Kultur. Es war zwar anders als in Zentraleuropa, aber der Süden Italiens, Spanien oder andere Mittelmeerstaaten unterschieden sich nicht so sehr von diesen Ländern. Es gab sowohl ältere als auch eine große Anzahl neuerer Fahrzeuge und Landmaschinen, es gab fast überall Supermärkte, die ein ähnliches Sortiment anboten wie bei uns, der Verkehr lief im Vergleich zu Afrika äußerst ruhig und geregelt ab, und die Grenzübertritte waren selbst mit den »Mopeds« unkompliziert und in der Regel in weniger als 20 bis 30 Minuten erledigt.

Folgende Doppelseite: Neue Freunde, die wir auf der Reise kennenlernten, und zu denen wir bis heute Kontakt pflegen. Sarah und Tom aus London (re.) sowie Laura und Damian aus Luzern (Mi.).

R1200
VANUCCI

MONS
ROYALE
MONS
ROYALE

Die Menschen waren durchwegs freundlich, interessiert und hilfsbereit, jedoch auf eine gänzlich andere Art als in Afrika. Während ich in Arabien und Schwarzafrika oftmals wie ein »Außerirdischer« beäugt und umlagert wurde, verhielten sich die Menschen hier eher reserviert. Vielleicht lag das auch daran, dass ich jetzt nicht mehr alleine reiste? Vor allem behinderte mich die Sprachbarriere etwas, beschränkten sich meine Spanischkenntnisse selbst nach drei Monaten auf überlebenswichtige Vokabeln wie »cerveza« (Bier), »asado« (Rindfleisch vom Grill), »muy bien« (sehr gut) oder »gracias« (danke). Marco dagegen hatte intensiveren Kontakt mit den Einheimischen, da er von Tag zu Tag besser Spanisch sprach. Aber auch der Umstand, dass hier der Tourismus deutlich ausgeprägter ist als in den afrikanischen Staaten (von Namibia und Südafrika abgesehen), muss berücksichtigt werden. Für die Einheimischen war es oftmals nichts Besonderes, große Motorräder zu sehen, sind diese auch von Argentinien bis Kolumbien keineswegs unüblich.

Im Gegensatz zu Afrika trafen wir hier jedoch fast täglich auf eine ganz spezielle Art des Homo Sapiens: den Langzeitreisenden. Klar gibt's den auch in Afrika, jedoch muss man schon Glück haben, auf einen solchen zu treffen oder ihn gezielt suchen. Hier laufen oder fahren sie einem täglich teils mehrmals über den Weg. Egal, ob zu Fuß, auf zwei Rädern ohne und mit Antrieb, auf vier Rädern in Form eines VW-Busses, eines 4×4-Wohnmobils oder gar in gewaltigen geländetauglichen Trucks.

Ute und Rüdi beispielsweise, die wir auf einem Campingplatz an der Ostküste Argentiniens zum ersten Mal getroffen hatten und die uns spontan, nass und schmutzig, wie wir durch den Regen nun mal waren, in ihren mehr als 30 Jahre alten Mercedes-Truck auf ein Glas Wein eingeladen hatten. Wir trafen uns im Verlauf der weiteren vier Monate noch mehrmals zufällig, und am Ende steckten die beiden im selben Hotel in Cartagena fest wie ich. Wir traten gemeinsam unsere überhastete Heimreise wegen der Corona-Pandemie an, und ihr Truck musste ebenso wie meine »Dicke« dort zurückbleiben.

Oder Laura und Damian aus der Schweiz, die im besten Karrierealter von 30 Jahren ebenso wie ich alles aufgegeben und sich in Argentinien einen VW-Bus gekauft hatten, um für unbestimmte Zeit durch Südamerika zu reisen. Wir hatten sie in El Chaltén kennengelernt und auch dann mehrmals mehr oder weniger zufällig wiedergetroffen, an wunderbaren Campspots unser Lager aufgeschlagen und sogar mit den beiden und weiteren Reisenden Weihnachten in Bariloche gefeiert.

Viele weitere Bekanntschaften haben unsere Reise bereichert. Babsi und Jochen aus Norderney beispielsweise, die uns an einem Übernachtungsplatz spontan zum Fischessen einluden. Oder Charlotte und Stefan aus Hamburg, mit denen wir in Pucón eines der besten Steaks gegessen haben, ebenso wie Lisa und Wolfgang aus Österreich mit ihrem erst zweijährigen Sohn Luis, dessen erstes Wort angeblich »Motorrad« war. Tom, ein Kameramann aus London und seine Freundin Sarah, die als Backpacker unterwegs waren, feierten ebenfalls das Weihnachtsfest mit uns. Oder Andrea und ihr Freund Tom, der ursprünglich aus unserer Heimat stammt; die beiden steckten dann später mit ihren Motorrädern während des Lockdowns in Bolivien für mehrere Wochen fest. Die Liste ließe sich beliebig erweitern, mit vielen dieser Menschen sind wir heute noch in Kontakt, und es sind daraus sogar richtige Freundschaften entstanden.

Eines vereint diese Spezies fast durchgängig: die Liebe zum Reisen und Entdecken und in vielen Fällen der Mut, ihren Traum zu leben und dafür eine Auszeit von Job und Familie für ein paar Monate, Jahre oder gar auf unbestimmte Zeit zu nehmen.

An Heiligabend war das »Team Bayern« verantwortlich fürs Festtagsmenü: Feinstes argentinisches Rind vom Grill, dazu gab es Spinatknödel, Gemüse und zum Nachtisch Kaiserschmarrn.

Sternenfeuerwerk

Wir wollten einmal mehr die Grenze zwischen Argentinien und Chile überqueren. Den vorletzten Tag des für uns so besonderen Jahres verbrachten wir in Mendoza, der Hauptstadt der gleichnamigen Region, die im Zentrum des Weinanbaugebiets Argentiniens liegt und vor allem für ihren Rotwein Malbec bekannt ist. Wir waren beide ziemlich angetan vom Trubel, der hier am Wochenende in der Stadt herrschte. Vor allem nach der doch wieder langen Zeit in der Wildnis und im Zelt genoss ich es, viele junge Leute um mich herum zu haben und in einer pulsierenden Stadt unterwegs zu sein. Ich würde lügen, wenn ich sagen würde,

In unzähligen Kehren schraubt man sich auf dem Paso de Uspallata auf argentinischer Seite inmitten bunter Felslandschaft dem auf 3854 Metern Höhe gelegenen alten Grenzübergang zu Chile entgegen.

dass ich es nicht vermisste, mich mit Freunden ab und zu in Bars und Clubs herumzutreiben.

In der Nähe der Universität schlenderten wir am Abend des 30. Dezember durch die Kneipenviertel und verwöhnten uns zum Abschluss des Jahres mit argentinischen Spezialitäten und kühlem »cerveza«. Als wir eine weitere Runde Bier bestellten, gab uns die Bedienung einen Gutschein. Wir dachten zuerst, er sei für ein weiteres Bier, doch es stellte sich heraus, dass dieser für ein Tattoo im hauseigenen Studio war. In der Tattoo-Nation Argentinien wunderte es uns trotzdem, dass man sich während des laufenden Barbetriebs in der gleichen Lokalität tätowieren lassen konnte. Ich liebäugelte schon länger mit einem Tattoo, und mit einigen weiteren Bieren kam ich der Sache immer näher – doch ohne Motividee war ich dann wohl doch nicht spontan (oder betrunken) genug, mich an Ort und Stelle tätowieren zu lassen. So verließen wir die Bar also zu später Stunde gut gelaunt, auch ohne Tattoo.

Unser persönliches Highlight in Mendoza war aber die Heladería Famiglia Perin. Eine Eisdiele mit einer unglaublichen Vielfalt an Sorten Eis – das beste, das wir beide je gegessen hatten. Gerne wären wir alleine wegen der Eiskrem noch ein paar Tage länger dortgeblieben, aber es zog uns weiter an ein besonderes Ziel am letzten Tag dieses Jahres.

So brachen wir früh auf an diesem sonnigen Silvestermorgen, um ein altes Refugio an der Grenze der beiden Länder anzusteuern und dort einen außergewöhnlichen und ruhigen Jahreswechsel zu erleben.

Von Mendoza aus ging es Richtung Santiago de Chile. Die Route führte durch atemberaubend farbige Berglandschaften, vorbei am Aconcagua, dem mit 6961 Metern höchsten Berg Südamerikas, zum Paso de Uspallata, auf dessen Passhöhe (3854 m) der Grenzübergang nach Chile lag. Keiner von uns beiden war bisher dem Himmel so nah gekommen. Überraschenderweise hatten wir beide kein Problem mit der für uns doch ungewohnten Höhe. Am Mirador del Cristo Redentor konnten wir uns kaum an den von unglaublichen Farben durchzogenen Bergen satt sehen. Letztendlich trieb uns aber der stramme und kalte Wind nach einiger Zeit dazu, unserem geplanten Ziel entgegenzusteuern.

Folgende Doppelseite: Den Jahreswechsel feierten wir alleine auf 3573 Metern an einem halb verfallenen Refugio. Abermillionen Sterne sollten uns am Silvesterabend ein ganz persönliches, einmaliges und lautloses Feuerwerk bescheren.

An einem alten Refugio, nur vier Kilometer weiter, wollten wir das neue Jahr begrüßen. Knapp 500 Höhenmeter ging es auf schmaler, felsiger Piste den Paso Internacional Los Libertadores bergab, bis wir auf 3573 Metern unser Ziel erreichten. Das einfache, mit Felsen gemauerte Schutzgebäude hatte wahrlich schon bessere Zeiten gesehen. Das Betondach machte nicht gerade den besten Eindruck, war zum Teil bereits eingestürzt, und auch die Wände wiesen Löcher auf. Die Stahltüre war halb geöffnet und klemmte in dieser Position fest, aber es war uns egal, wir wollten hier auf jeden Fall die Silvesternacht verbringen. Und das Wetter meinte es, abgesehen von dem auf dieser Höhe eiskalt wehenden Wind, gut mit uns. Ein wolkenloser Himmel und die klare Sicht auf die umliegenden Berge versprachen eine ganz besondere Nacht.

Nach unserem Mahl, der schon traditionellen Thunfisch-Pasta, die an diesem Ort irgendwie anders, ja sogar besser schmeckte als sonst, schlugen wir unser Nachtlager auf. Wir diskutierten eine Weile, und Papa entschloss sich, trotz des nur noch zum Teil vorhandenen Daches und mit der Zuversicht, dass der Rest davon schon

Sonnenschein, eine faszinierend vielfarbige Berglandschaft und die gut zu befahrende Schotterstrecke des Paso de Uspallata ließen am letzten Tag des Jahres unsere Herzen höherschlagen.

nicht gerade in dieser Nacht einstürzen würde, das Zelt windgeschützt im Inneren des maroden Gebäudes aufzuschlagen. Ich wollte es mir nicht nehmen lassen, diese spezielle Nacht und den klaren Sternenhimmel im Freien zu genießen. Also legte ich mich mit Isomatte und Schlafsack neben die Hütte und blickte in den mit Abstand gigantischsten Sternenhimmel, den ich je gesehen habe. Dank der klaren Luft in dieser Höhe zeigten sich Abermillionen Sterne, die in einem breiten Streifen die Milchstraße formten. Papa, der dazu kam, empfand es genauso. Absolute Stille ließ uns fast andächtig den Abend genießen. Eine ganz besondere, beinahe ehrfürchtige Stimmung stellte sich ein. Der Sternenhimmel bot uns zum Jahresbeginn 2020 ein einmaliges, ganz persönliches und völlig lautloses Feuerwerk. Und natürlich waren wir gespannt, was uns im neuen Jahr, insbesondere in den nächsten gemeinsamen Monaten an weiteren Abenteuern erwarten würde.

Der Paso Internacional Los Libertadores schlängelt sich in engen Kurven rund 13 Kilometer zum chilenischen Grenzposten. Die Hauptroute verläuft heute jedoch durch einen drei Kilometer langen Tunnel.

Dem Himmel so nah

Am Neujahrstag trafen wir in Santiago de Chile ein. Wir waren uns nicht sicher, ob das wegen der immer noch anhaltenden Proteste grundsätzlich eine gute Idee war. Aber wir mussten, da dort Ersatzteile für mein Zelt und mein Motorrad warteten. Außerdem war wieder ein großer Service fällig, den ich in der dortigen BMW-Niederlassung machen lassen wollte.

Auch in Santiago war es, wie schon in den Städten davor, überraschend ruhig. Wir gönnten uns ein Hotelzimmer am Stadtrand in Nähe der Niederlassung und relaxten die nächsten beiden Tage bei Sonnenschein am Pool. Wir besuchten auch die Sky Costanera, das

Dünne Luft auf dem Paso de Agua Negra. Mit seinen 4753 Metern ist er der höchste Grenzübergang zwischen Argentinien und Chile und nur in den Sommermonaten (meist von Dezember bis März) geöffnet.

mit 300 Metern höchste Aussichtsdeck auf einem Gebäude Lateinamerikas mit einem 360-Grad-Panoramablick auf die Stadt und die angrenzenden Berge. Der Sonnenuntergang war aus dieser Perspektive einfach unbeschreiblich.

Da die Anden der zweithöchste Gebirgszug der Erde sind, war es mit Superlativen für uns natürlich noch nicht zu Ende. Ein paar Tage später steuerten wir den Gebirgspass Paso de Agua Negra zwischen Chile und Argentinien an. Mit einer Höhe von 4753 Metern (wie auf dem Schild auf der Passhöhe zu lesen war) zählt er zu den höchsten Grenzübergängen der Welt, die mit einem Fahrzeug zu erreichen sind.

Uns war es jedoch nicht so wichtig, ob wir uns zu einem Rekord-Pass aufmachten oder nicht, schon die schiere Höhe war für uns unfassbar. Zu Hause war für mich beim Skifahren im Pitztal mit 3440 Metern die Schallgrenze erreicht, ein paar Tage zuvor, an Silvester, waren wir bereits auf 3854 Metern, aber nun noch einmal 900 Höhenmeter mehr? Funktionieren da unsere Motorräder noch problemlos? Wie würden wir die Höhe vertragen? Wir hatten im Vorfeld viel von Reisenden gehört, die sowohl Probleme mit ihren

Als »Büßereis« werden die bis zu sechs Meter hohen Schnee- und Eispyramiden bezeichnet, die sich in den Höhenlagen der Anden bilden und weitläufige Flächen bedecken.

Fahrzeugen hatten (Leistungsverlust, nicht mehr gestartet nach einer Pause und mehr), als auch von Kopfschmerzen, Übelkeit und Schwindel geplagt waren. Vor meiner Reise hatte ich mich von meinem Hausarzt über das Phänomen Höhenkrankheit aufklären lassen und was ich tun muss, sollte mich diese ereilen. Wir waren sehr gespannt, ja aufgeregt und auch etwas angespannt.

Einer der Vorteile war, dass sich die Anfahrt auf chilenischer Seite auf einer Länge von mehr als 80 Kilometern durch eine einmal mehr unfassbar bunte Bergwelt zog. Neben den bekannten Braun- und Grautönen schimmerte das Gestein in allen nur erdenklich warmen Farbtönen von Gelb über Orange bis Rot und Purpur.

Wir planten, alle 500 Höhenmeter eine Pause einzulegen, in der Hoffnung, so mit der zunehmend dünneren Luft besser klarzukommen. Es fiel uns in diesen Momenten leicht anzuhalten. Wir kamen aus dem Staunen ohnehin kaum heraus und zückten immer wieder unsere Kameras, um die Szenerie festzuhalten. Aufgeregt steuerten wir der 4000er-Marke entgegen und legten einen letzten Stopp ein. Viel trinken war angesagt, da mangelnde Flüssigkeitszufuhr wohl eine der Hauptursachen für Schwindel und Kopfweh sei. Bei der Gelegenheit schmierte sich mein ewig hungriger Sohn ein Nutellabrot, und als er zum ersten Biss ansetzte, rutschte es ihm aus der Hand. Reflexartig fing er es mit der anderen auf, natürlich mit der Schokoladenseite nach unten. Unsere Erkenntnis des Tages: Auch auf mehr als 4000 Metern gilt »Murphys Gesetz«.

Problemlos erreichten wir die Passhöhe. Kein Mucken der »Mopeds«, und auch uns ging es überraschend gut. Lediglich als wir aus verschiedenen Perspektiven Bilder machten und dabei nur ein paar Meter laufen mussten, wurde uns bewusst, wie dünn die Luft hier oben ist und wie jeder Schritt selbst meinen durchtrainierten Sohn zum Schnaufen brachte.

In Gedanken versunken bewunderte ich die Leistung all derer, die mit einem Fahrrad solche Höhen bezwingen oder von Bergsteigern, die aus eigener Kraft noch viel größere Höhen erklimmen.

Der Paso de Agua Negra wird sich als einer der Höhepunkte in meine Erinnerungen einbrennen, dessen war ich mir sicher. Glücklich und dankbar genoss ich diesen Moment, war ich mit meinem Sohn dem Himmel so nah wie noch nie zuvor.

Am Río de la Laguna entlang erstreckt sich die Anfahrt zum Paso de Agua Negra auf 83 Kilometern Schotterpiste durch eine für uns bis dahin unvorstellbar vielfarbige Berglandschaft.

»Vom Winde verweht«

Wieder auf einer normalen Höhe von gut 1500 Metern angelangt, machten wir uns nach der anstrengenden und unfassbar beeindruckenden Passüberfahrt daran einen Schlafplatz zu suchen. Es sollte eine ganz besondere Zeltnacht werden. Entlang eines Stausees mit dem interessant klingenden Namen »Cuesta del Viento« fanden wir am Ufer einen schönen sandigen Platz, an dem wir unsere Zelte aufbauten. War es auf dem Runterweg vom Pass noch ziemlich windig gewesen, genossen wir nach einem Bad im See den windstillen, lauen Abend mit einem kühlen Bier.

Kurz vor 23 Uhr sagten wir uns gute Nacht, und jeder freute sich auf den erholsamen Schlaf, ermüdete uns die dünne Luft der Höhe doch zusehends.

Einige Zeit später wachte ich dann von einem Höllenlärm auf: Das Zelt peitschte mir ins Gesicht, und ich wusste nicht, wie mir geschah. Die Zeltplane schlug wild von links nach rechts und von oben nach unten, tanzte einen wilden Tanz. Noch etwas verdattert brauchte ich einen Moment, um zu begreifen, dass ein starker Sturm aufgezogen war. Der Blick auf meine Uhr verwunderte mich noch mehr, waren wir doch erst vor gut einer Dreiviertelstunde in unsere Zelte gekrochen. Wo kam der verdammte Wind denn so plötzlich her? Ich wusste, dass man am Wasser mit dem Wind immer etwas vorsichtig sein muss. Boden und Erde erwärmen sich in der Regel schneller als Wasser, weshalb sich an größeren Wasserflächen eigene Windsysteme einstellen können. Dieses Land-Seewind System weist normalerweise jedoch mittags die größten Windgeschwindigkeiten auf. Nachts sind die Winde deutlich schwächer. In unserem Fall war der Wind jedoch alles andere als schwach und kam nach dem warmen, windstillen Abend wie aus dem Nichts.

Nicht selten säumten unseren Weg durch die Anden auch Kakteen, die scheinbar besonders robust gegenüber der Kälte im Winter sein müssen …, wobei dieser nicht mehr ganz so gesund wirkte.

Ich versuchte, mir die Ursache des Windes zu erklären, was den Sturm jedoch nicht schwächer werden ließ. Ganz im Gegenteil, der Wind nahm an Stärke zu, und mein Zelt wurde immer mehr umhergeworfen.

Ich versuchte, mit Papa Kontakt aufzunehmen, und obwohl sein Zelt nur drei Meter neben meinem stand, konnten wir uns nicht einmal schreiend verständigen. Ich wusste lediglich, dass er noch nicht mitsamt seinem Zelt davongeflogen war.

Als sich meine Zeltstangen immer weiter bogen, sah ich nur noch eine Möglichkeit, um die ganze Situation materialschonender und weniger stressig zu gestalten. Ich kletterte also vorsichtig aus meinem Zelt, nahm meine schwere Gepäcktasche in die Hand und lief an der Seite des Zeltes zum hinteren Ende – die Richtung, aus welcher der Wind kam. Er hatte tatsächlich schon alle Heringe aus dem lockeren Sand gezogen, und das Zelt blieb nur noch am Boden, weil ich es hielt und meine schweren Motorradklamotten inklusive Helm im Zelt lagen. Mittlerweile hatte ich gefühlt die halbe Sahara in Augen, Nase, Ohren und Mund, und ich versuchte irgendwie, die Zeltstangen aus den Ösen zu fädeln. Als dies geschafft war, beschwerte ich mit meiner Gepäckrolle das Fußende des Zelts, kroch zurück zum Eingang und probierte erneut, in das nun flache Zelt zu krabbeln. Endlich drinnen, zog ich die Reißverschlüsse zu und klopfte mir, während das Zelt gegen mein Gesicht flatterte, für meine Idee in Gedanken auf die Schulter. Bequem war der Zelt-Wrap nicht wirklich, weniger windanfällig aber durchaus. Nach kurzer Verschnaufpause brüllte ich zu meinem Vater hinüber: »Zieh mal deinen Helm an!« Da saßen also zwei deutsche »Kartoffeln« an der Cuesta del Viento, dem »Hang des Windes« mit Motorradhelmen in ihren Zelten und versuchten, sich über ihre Kommunikationssysteme zu unterhalten. Ich konnte eigentlich nur noch lachen, da ich ohne Zeltstangen nicht mehr Gefahr lief, dass das Zelt kaputtging und ich auch nicht mehr vom Wind davongetragen werden konnte. Bei Papa sah die Lage ganz anders aus. Er saß sprichwörtlich mit dem Rücken zur Wand. Auf der Windseite an sein Innenzelt gelehnt, die Beine seitlich von sich und die Arme in die oberen Ecken das Zeltes gestreckt, um das Ding vor dem Zusammenklappen zu bewahren. Wir gingen alle Möglichkeiten durch. Ich konnte mein Zelt nicht verlassen, da es ansonsten wegfliegen würde, und Papa konnte nicht den gleichen Trick wie ich mit den Zeltstangen anwenden. Vor wenigen Tagen hatte er in Santiago noch ein neues Zelt gekauft, bei dem zuerst das Innenzelt mit Stangen aufgebaut wird und dann die Außenhülle darüber kommt. Man konnte also nicht das

Gestänge herausnehmen, ohne die Außenplane abzumachen. Bei diesem Wind ein unmögliches Unterfangen. Ich witzelte noch etwas herum, Papa war aber kein bisschen zum Lachen zumute und bereits ziemlich erschöpft. Irgendwann zogen wir die Helme aus, und nach stundenlangem Musikhören und Lesen in meinem Zelt-Wrap schaffte ich es dann doch noch, zwei, drei Stunden zu schlafen.

Mit der Morgendämmerung kurz vor 6 Uhr ließ der Wind etwas nach, und wir ergriffen sofort die Chance, alles zusammenzupacken und das Weite zu suchen. Selten habe ich meinen Vater so erschöpft erlebt. Die ganze Nacht hatte er in Seestern-Position sein Zelt gesichert und verständlicherweise kein Auge zugemacht.

Als wir mit dem Zusammenpacken fertig waren, hatte der Wind komplett aufgehört, und es versprach ein wunderschöner Tag zu werden – welche Ironie. Zu allem Überfluss hat sich Papa mit der schweren GS dann noch im Sand festgefahren, was ihn in die gefährliche Nähe eines temporären Nervenzusammenbruchs brachte. Nach geglückter Befreiungsaktion machten wir uns auf in Richtung des nächsten Ortes, um dort einen Schlafplatz und etwas Erholung zu finden.

Gequältes Lächeln mit »Gefällt mir nicht«-Daumen nach einer äußerst stürmischen und schlaflosen Nacht am Ufer des Stausees Cuesta del Viento in der argentinischen Provinz San Juan.

Während der Regenzeit präsentiert sich der Salar de Uyuni, die mit mehr als 10 000 Quadratkilometern größte Salzpfanne der Welt, nicht nur bei Sonnenuntergang als überdimensionaler Spiegel.

Der Nordwesten
Blick in eine andere Welt

Der größte Spiegel der Erde

»Einen Tod muss man immer sterben«, heißt es. Auch wenn man unterwegs ist, kann man nicht alles haben oder sehen. Was im Vorfeld meines Abenteuers für mich wie eine Floskel klang, bestätigte sich im Lauf der Reise immer wieder.

War es mir zu Beginn wichtig, einmal um die Erde zu fahren, so war mir auch durchaus bewusst, dass ich nicht alles würde mitnehmen können. Allerdings hatte ich auch wenig Ahnung, was mich erwarten würde. Im Vergleich zu vielen anderen Reisenden, die teils Wochen, gar Monate im Voraus generalstabsmäßige Planungen über den weiteren Verlauf ihrer Reise anstellten, wollte ich mich eher treiben und überraschen lassen. Keine Termine zu haben war für mich das höchste Gut, seit ich aufgehört hatte zu arbeiten. Ich plante – bzw. hier in Südamerika tat das Marco –meist nur von einem Tag auf den nächsten.

Schon bald wurde mir klar, dass ich gerne mit weniger Tempo unterwegs wäre. Zu vielfältig und beeindruckend waren Landschaften und Menschen, die meinen Weg kreuzten. Und ohne die geplante Zeit mit Marco wäre ich definitiv bereits länger in Afrika geblieben.

Nun war es Mitte Januar und wir schon drei volle Monate und somit mehr als die Hälfte unserer geplanten gemeinsamen Zeit unterwegs. Nach den mehr als 20 000 Kilometern, die wir bereits zurückgelegt hatten, tat ich mich zunehmend schwerer, die vielen Eindrücke und Erlebnisse zu verarbeiten. Klar, die vielen Kilometer in der Weite Südamerikas täuschten ein wenig. Die zurückgelegten Strecken, vor allem in der Pampa auf unserem Weg in den Süden des Kontinents, zogen sich oft schier unendlich auf relativ guten Straßen. Strecken von 400 bis 500 Kilometern am Tag waren durchaus machbar, aber die Gewaltigkeit der Eindrücke und Erlebnisse füllte meinen internen Arbeitsspeicher mehr und mehr.

Im gleißenden Sonnenlicht wirkt die 140 x 110 Kilometer große Oberfläche des Salar wie ein zugefrorener See. Die bis zu 30 Meter dicke Salzkruste kann selbst mit Bussen und Lkw befahren werden.

Bolivianische Familie beim Ausflug zum Salar samt Gepäck auf einer dort üblichen, maximal 125 ccm großen Maschine (oben). Riesengroße und tiefe Pfützen sind in der Regenzeit die Regel (unten).

Kurz nach dem Grenzwechsel nach Bolivien stand nun wieder ein Highlight an: die Salzwüste Salar de Uyuni, der nächste Superlativ. Ich ging mit gemischten Gefühlen in die kommenden Tage. Zum einen merkte ich, dass mein Aufnahme- und Verarbeitungsvermögen mit den bisherigen Höhepunkten unserer Reise wie Peninsula Valdés, Fin del Mundo, Perito Moreno, Fitz Roy, Paso de Agua Negra, um nur einige zu nennen, bereits sehr an seine Grenzen stieß. Des Weiteren war mir bewusst, dass wir nun einen der berüchtigten Tode sterben müssten. Wir konnten nicht über den Salar de Uyuni fahren, da wir uns in der Regenzeit befanden und der größte Teil der weißen Fläche fünf bis zehn Zentimeter tief unter Wasser stand.

Schon als ich das erste Mal von der mit mehr als 10 000 Quadratkilometer größten Salzpfanne der Erde, die man sogar vom All aus sehen kann, hörte, wollte ich unbedingt darüberfahren, wie es viele andere Reisende vor uns schon getan haben. Doch wir hatten Bedenken, dass die empfindliche Elektronik unserer modernen Motorräder vom Salzwasser Schaden nehmen könnte. Außerdem ist es nicht ganz ungefährlich, da Löcher in der Salzoberfläche wegen des Wassers nicht sichtbar sind.

Von dieser Tatsache ein wenig enttäuscht, erreichten wir am späten Nachmittag Uyuni. Meine Stimmung hellte sich in diesem Moment nicht wirklich auf. Ein heruntergekommener Ort – mein erster Eindruck. Wir fuhren durch die teils mit großen Schlaglöchern und Pfützen übersäten Straßen, um ein Hotel zu finden, in dem wir die nächsten zwei Nächte bleiben und unsere Motorräder sicher parken konnten.

Kurz diskutierten wir am Abend noch, ob wir es nicht doch wagen sollten, selbst auf den Salar zu fahren, entschieden uns aber letztendlich doch für eine geführte Tour in einem Jeep am nächsten Tag.

Gegen 9 Uhr wartete bereits unser Fahrer in einem mindestens 20 Jahre alten Mitsubishi Pajero, der laut des Agenten, bei dem wir die Tour am Vortag gebucht hatten, verständliches »Spanglish« sprechen sollte. Der metallicrote Lack täuschte beim ersten Anblick über den Rost hinweg, der das Fahrzeug langsam, aber sicher aufzufressen schien und dem zumindest der deutsche TÜV wahrscheinlich schon vor Jahren Prüfplakette und somit die Zulassung entzogen hätte.

Folgende Doppelseite: Ein gegen Abend aufkommendes Gewitter zauberte mit der untergehenden Sonne und den Wolken ein faszinierendes Bild über der spiegelnden Fläche des Salar.

Immer noch mit gemischten Gefühlen stieg ich hinter dem Fahrer ein. Den Beifahrerplatz überließ ich Marco, da ich Bedenken hatte, ob der Fahrer wirklich außer auf Spanisch mit uns kommunizieren konnte. Völlig berechtigt, wie sich nach meiner ersten Frage auf Englisch herausstellte und er mich mit großen Augen anschaute, bevor er irgendetwas auf Spanisch antwortete, was laut Marco nicht die Antwort auf meine Frage war.

Wortlos nahm der Fahrer Kurs auf den berühmten Eisenbahnfriedhof, dessen Besuch wohl ein »Must« ist, nicht ohne vorher einen ersten Stopp in einer Straße einzulegen, an der sich unzählige Souvenirbuden aneinanderreihten und die »locals« sich wohl gegenseitig das Geschäft zuschieben. Ich wurde den Eindruck nicht los, dass der Tag für mich wohl eine große Enttäuschung werden würde. Der von vielen als sensationell beschriebene Zugfriedhof, der mit Touristen meist asiatischer Herkunft regelrecht überfüllt war, ließ mich emotional eher kalt. Alle versuchten, möglichst spektakuläre Bilder mit und auf den verrosteten Zügen zu schießen, nur ich war froh, als wir wieder im Auto saßen.

Unser Fahrer bemühte sich, nicht wirklich »Spanglish« zu sprechen, und als er merkte, dass Marco Spanisch sprach, wurde er redselig, und Marco war somit den ganzen Tag für mich und die vier weiteren Touristen im Auto der Übersetzer.

Nach wenigen Kilometern blieb mir plötzlich der Mund offen stehen. Vor uns tat sich das nahezu unbeschreibliche Bild einer unendlich großen, spiegelnden Fläche auf. Und jedes Element, das sich irgendwo seitlich oder über der Fläche befand, wurde darin reflektiert. Nun erst konnte ich verstehen, was uns der Fahrer auf dem Weg hierher versucht hatte zu sagen, nämlich warum vor allem Besucher aus China sich genau aus diesem Grund für einen Besuch des Salar während der Regenzeit entscheiden.

Im gleißenden Licht der Mittagssonne blieben wir irgendwo auf dem »Spiegel« stehen, und zwei weitere Jeeps der Agentur gesellten sich zu uns. Die drei Fahrer bauten Tisch, Stühle und Sonnenschirme auf, um uns ein köstliches Mittagessen zu servieren. Die Szenerie war gigantisch, alles spiegelte sich, und selbst durch unsere Sonnenbrillen war das Licht fast noch zu hell für unsere Augen. Eine absolute Ruhe umgab uns. Lediglich das platschende Geräusch

---

Die Stadt Uyuni war einst ein wichtiger Eisenbahnknotenpunkt der Edelmetallminen-Industrie. Nach deren Zusammenbruch in den 1940er-Jahren wurden die Lokomotiven und Waggons dem Verfall preisgegeben.

unserer Gummistiefel war beim Gehen über die mit wenigen Zentimetern Wasser bedeckte Salzpfanne zu vernehmen.

Nach den obligatorischen Bildern und Videos aus diversen Perspektiven, die uns in Chipsdosen verschwinden und wieder herauskommen ließen, in denen ein scheinbar überlebensgroßer Spielzeugdino uns aufzufressen schien oder einer von uns die anderen mit seinem Schuh einfach zertreten würde, wagten wir uns tiefer in die Weite des »Spiegels«. Ich war mehr als beeindruckt. Aber dann auch beinahe leicht enttäuscht, als am späten Nachmittag Wolken aufzogen, wollten wir doch noch den Sonnenuntergang hier draußen erleben. Die Wolken erwiesen sich jedoch als Glücksfall. Der Fahrer erklärte uns, dass es direkt über dem See aufgrund der Thermik selten regnete und wir uns keine Sorgen wegen des Gewitters am westlichen Rand machen müssten. Und tatsächlich entpuppte sich das Gewitter mit seinen unzähligen Blitzen und den dunklen Wolken als unglaubliches 180-Grad-Panorama-Spektakel, das man so wohl nur hier erleben kann. Auch die Wolken erwiesen sich letztendlich als perfekter Kontrast zum gleißenden Licht der untergehenden Sonne, die surreale Spiegelbilder auf die absolut plane Fläche zauberte. Schweigend standen wir nebeneinander und genossen diesen emotionalen, ja fast demütigen Moment unseres Vater-Sohn-Abenteuers. Wieder einmal erfasste mich ein Gefühl der Dankbarkeit, dies alles mit meinem Sohn gemeinsam erleben zu dürfen. Ein weiteres einmaliges Ereignis, das man für kein Geld der Welt kaufen kann, dachte ich mir und lächelte gerührt, als ich Marco in den Arm nahm und drückte, damit er meine Tränen nicht sehen konnte. Auch war ich überhaupt nicht mehr unglücklich darüber, dass ich hier einen der berühmten Tode sterben musste. Jede Medaille hat immer zwei Seiten, und ich glaube, es liegt an einem selbst, welche man als die schönere empfinden möchte.

Und mein Speicher war doch belastbarer, als ich dachte. Der Salar de Uyuni hat sich definitiv als einer der absoluten Höhepunkte in mein Gedächtnis eingebrannt.

Bei Touristen äußerst beliebt sind Schnappschüsse in und auf den verbliebenen Lok- und Waggonresten auf dem Eisenbahnfriedhof südwestlich der Stadt, der als größter der Welt gilt.

36

Bolivien – ein Kontrastprogramm

Was hatten wir im Vorfeld nicht alles über Bolivien und seine Bewohner gehört und gelesen. Menschen, die angeblich nie lachen, nicht mit einem sprechen oder gar unfreundlich und ablehnend sein sollen. Ich war von Beginn an skeptisch ob dieser Aussagen, hatte mich bereits Afrika in Bezug auf »Tipps und Warnungen« eines Besseren belehrt.

Schon kurz nach der Grenze machten wir unsere erste persönliche Erfahrung. Wir waren von der Hauptstraße in ein kleines Dorf abgebogen. Marco war mal wieder hungrig. Laut App sollte sich in der Dorfmitte ein Restaurant befinden. Als wir dort ankamen, sahen wir vor einem ziemlich heruntergekommenen Gebäude eine alte Frau unter einem großen Schirm sitzen. Vor ihr stand ein kleiner Tisch mit vier Plastikstühlen. Kein wirklicher Hinweis auf ein Restaurant, wie wir es bisher kannten. Deshalb fragte Marco, ob sie wisse, wo wir etwas essen könnten. Sie lächelte ihn an und gab uns zu verstehen, dass wir hier richtig seien. Unter einer blauen Abdeckplane kamen zwei große Metalltöpfe zum Vorschein, in denen verschiedene Gerichte vorbereitet waren. Sie zündete den Gaskocher an und bat uns wegen des kühlen Windes und des einsetzenden Regens ins Innere des Hauses. An einem großen alten Holztisch mit zwei Bänken nahmen wir Platz. Bereits nach kurzer Zeit servierte uns die Frau ein warmes Essen. Was es war, konnten wir nicht wirklich herausfinden, irgendetwas zwischen Suppe und Eintopf. Es schmeckte zwar ein wenig eigenartig, aber dennoch köstlich. Wir waren beide in Bezug auf Essen experimentierfreudig und hatten keine Scheu, etwas Neues auszuprobieren.

Meine anfänglichen Bedenken bezüglich Magen- und Darmproblemen hatte ich bereits in Afrika verloren. Glücklicherweise war mein Magen scheinbar weniger empfindlich als angenommen.

Bei unserer Ankunft in La Paz zeigte uns der höchste Regierungssitz der Welt sein rotfarbiges Häusermehr mit verschiedenfarbigen Dächern. Die offizielle Hauptstadt Boliviens ist übrigens die Kolonialstadt Sucre.

Einmal mehr war es Marco, der sich dank seiner Spanischkenntnisse angeregt mit der alten Dame unterhielt. Obwohl ich der Konversation kaum folgen konnte, sah ich ihren lächelnden Gesichtszügen an, nicht selten bekräftigt durch ungläubiges Kopfschütteln, wie skurril unsere Geschichte für sie klang. Mir war bewusst, dass sie Tag für Tag wahrlich andere Probleme zu bewältigen hatte. Aber die Alte gab uns zu verstehen, dass unser Vater-Sohn-Abenteuer für sie dennoch etwas ganz Besonderes sei.

Nicht nur diese erste Begegnung bestätigte einmal mehr, dass auf pauschale Aussagen, auf Vorurteile nicht viel Wert gelegt werden sollte. So erging es uns nicht nur mit dieser netten alten Frau, sondern später beim Tanken auch mit der Tankwartin, die uns sogar noch Bananen für die Weiterfahrt mitgab. Oder mit dem anfangs recht wortkargen Grillmeister eines kleinen, typisch bolivianischen Restaurants in Rurrenabaque. Bereits nach kurzer Zeit erzählte er uns, wie oft und teils heftig der nahe Fluss in der Regenzeit über die Ufer trat. Mit lebhaften Gesten zeigte er uns den höchsten Pegelstand des

Eine der Seilbahnen führt über Chualluma, das einzige Stadtviertel von La Paz, das knallbunte Gebäude besitzt. Renoviert und bunt gestrichen wurden die Häuser, um den Tourismus anzukurbeln.

Wassers an seinem Grill. Einmal mehr bestätigte sich, dass Menschen viel besser sind als ihr Ruf. Heißt es nicht in einem alten Sprichwort »Wie man in den Wald hineinruft, so schallt es zurück«?

Dennoch war Bolivien anders. Ganz anders als die eher südeuropäisch anmutenden Länder, die wir bisher besucht hatten. Die Hautfarbe der Menschen war auf einmal deutlich dunkler, die meisten Frauen trugen traditionelle, farbenfrohe Kleidung, und das Land war sichtbar ärmer.

Es gab nach dem Grenzwechsel keine größeren Supermärkte mehr, die Tankstellen waren in einem wesentlich schlechteren Zustand, und der Sprit hatte nicht mehr die bisherige Qualität. Trotz des Schlechtsprit-Setups klingelte mein Motor beim Beschleunigen meist deutlich hörbar. Auch die Straßen waren wieder schlechter: die Hauptstraßen nicht selten mit vielen Schlaglöchern versehen und die Nebenstraßen sowie Ortsdurchfahrten so gut wie nie asphaltiert. All das erinnerte mich zum ersten Mal wieder an Afrika. Auch hier waren die Menschen viel ärmer, lag das durchschnittliche Pro-Kopf-Einkommen in Bolivien 2018 bei nur gut 500 Euro im Monat, weniger als die Hälfte von dem in Chile.

Was uns auch zu schaffen machte, war die unglaubliche Höhe, auf der wir uns nun bewegten. Die letzte Nacht in Argentinien auf rund 2900 Metern sollte die letzte unter 3500 Metern für die nächste Zeit gewesen sein. Wir befanden uns auf dem Altiplano, einem Hochplateau in den Zentralanden, das im Durchschnitt auf 3600 Metern Höhe liegt und sich über 1800 Kilometer entlang des Rückgrats des Gebirges von Südperu über Westbolivien bis nach Nordargentinien und Nordchile erstreckt und zwischen 350 und 400 Kilometer breit ist. Ein faszinierender Flecken Erde. Die Dimension, die Weite, die man hier erlebt, ist für Mitteleuropäer unfassbar. Die gesamte Fläche beträgt rund 170 000 Quadratkilometer und ist damit mehr als doppelt so groß wie Österreich.

La Paz, der höchste Regierungssitz der Welt, liegt eingeschlossen von Bergflanken in einem Kessel auf einer Höhe von durchschnittlich 3640 Metern, Teile der Stadt erstrecken sich aber bis auf mehr als 4000 Meter. Bereits auf dem Weg dorthin war uns aufgefallen, dass nahezu alle massiven Häuser aus rotem Ziegel gebaut, jedoch nicht verputzt sind. Der Grund hierfür soll sein, dass für nicht fertiggestellte Bauten geringere Steuern bezahlt bzw. Darlehen erst nach Fertigstellung getilgt werden müssen. So erstrahlte die Stadt im Nachmittagslicht faszinierend rot mit verschiedenartig bunten Dächern.

Irgendetwas zwischen Suppe und Eintopf servierte uns diese Einheimische in Ihrem kleinen Restaurant. Mit ungläubigem Kopfschütteln hörte sie sich unsere, für sie wohl skurril wirkende Reisegeschichte an.

Mitten in La Paz fanden wir ein bayerisch anmutendes Lokal, das Original Erdinger Urweiße ausschenkte (oben). Buntes Obst und Gemüse in Hülle und Fülle in einer Markthalle der Stadt (unten).

Die extrem dichte und kompakte Bebauung des Talkessels ist von meist steilen Straßen durchzogen. In der späteren Nachmittagssonne, als wir La Paz erreichten, ließ das Häusermeer an jeder Stelle das ursprüngliche Geländeprofil erkennen.

Der Verkehr in den meist engen Gassen wird bestimmt durch die unzähligen neunsitzigen Minitaxis, meist Toyota oder chinesischer Bauart, die gefühlt 95 Prozent aller Fahrzeuge ausmachen. »Normale« Pkw gibt es hier wenig, und wenn wir unter Verkehr verstehen, dass sich etwas bewegt, ist das auf den Straßen dieser Stadt wohl nicht der passende Begriff. Für die letzten zehn Kilometer bis zu unserer Unterkunft in der Stadtmitte benötigten wir mehr als zwei Stunden: Motor an, fünf bis maximal zehn Meter vorwärts (nicht selten durch einen der unzähligen Märkte), Motor aus für die nächsten fünf bis zehn Minuten … »continue repeat«.

Die Märkte, die es in jedem Teil der Stadt gibt, sind faszinierend. Hier wird alles nur Erdenkliche angeboten: von Nahrungsmitteln über Kleidung bis zu Autoersatzteilen. Und bolivianisches Essen, das

Einsamkeit, der erste Schnee und der daraus entstehende Dunst auf einer Piste nordöstlich von La Paz auf ca. 4600 Metern Höhe waren ein wohltuender Kontrast zur lärmenden Stadt.

wir natürlich wieder kosten mussten. Weite Teile der Stadt erkundeten wir zu Fuß, und dabei merkten wir, wie uns die dünne Luft auf dieser Höhe zu schaffen machte. Es war ein ständiges Auf und Ab durch dichten Verkehr und über lange Treppen. Es kam sogar vor, dass uns viel ältere Menschen auf dem Weg nach oben ohne erkennbare Anstrengung überholten, während selbst Marco deutlich nach Luft rang.

Eine weitere Besonderheit gibt es in La Paz: Große Teile der Stadt sind mit einem Seilbahn-Gondelsystem verbunden, wie wir es aus unseren Skigebieten kennen. Und ja, die Stützen sind von Doppelmayr (Österreich) und die Kabinen von CWA aus der Schweiz. Mi Teleférico wird das Gondelsystem genannt und ist das größte innerstädtische der Welt. Damit lässt sich die 2,3 Millionen Einwohner zählende Hauptstadt für wenig Geld umrunden, und es bieten sich dabei faszinierende Ausblicke über die Dächer der Stadt. Ein günstiges Verkehrskonzept, das sicher auch mancher deutschen Großstadt gut stehen würde.

Spektakuläre Ausblicke bieten sich, wenn man mit »Mi Teleférico«, dem längsten innerstädtischen Seilbahnnetz der Welt, unterwegs ist. In den unterschiedlich farbigen Gondeln kann man bequem die Stadt umrunden.

In den Tiefen der Pampas

In Bolivien folgten wir einmal mehr den Tipps anderer Reisender. In diesem Fall hatten uns Bekannte auf eine kleine Stadt im bolivianischen Amazonasgebiet aufmerksam gemacht. Unser Ziel war Rurrenabaque, das mit gut 13 000 Einwohnern ungefähr die gleiche Größe hat wie unsere Heimatstadt Krumbach. Die Fahrt dorthin sollte jedoch abenteuerlich werden. Bereits in der iOverlander-App hatten wir Kommentare über die teils desaströsen Zustände der Straßen gelesen. Wir machten uns also auf zwei anstrengende Tage gefasst, da wir sicher waren, dass die gut 400 Kilometer nicht in einem Rutsch zu schaffen wären.

Brillenkaiman in den feuchten Grassteppen des Amazonas-Regenwaldes. Er gehört zur Familie der Alligatoren und ist in weiten Teilen Südamerikas verbreitet.

Hinzu kam, dass wir vom über 3500 Meter hohen La Paz hinab auf 250 Meter mussten.

Frühmorgens kämpften wir uns durch den dichten und chaotischen Verkehr der äußeren Stadtgebiete von La Paz. Zu unserer Verwunderung ging es erst nochmal auf 4600 Meter hinauf. Boliviens Höhe war wirklich unfassbar. Dann folgte ein wahrer Kurvengenuss auf der seit 2007 bestehenden asphaltierten Straße. Diese bildet die Umfahrung der berühmt berüchtigten »Death Road«, die wir auf dem Rückweg unter die Räder nehmen wollten.

Hinter Coroico war es dann vorbei mit dem angenehmen Asphalt, und es folgten wahrlich abenteuerliche Pisten. Über 200 Kilometer weit ging es entweder bergauf oder bergab, niemals entspannt geradeaus. Die Pisten waren meist eine Mischung aus Schlamm und Felsen, bestenfalls aus gutem Schotterbelag. An mehreren Stellen hatten sich im rutschigen Schlamm Lkws festgefahren, ein Durchkommen war nur mit dem Motorrad möglich. Einmal mussten wir fast zwei Stunden warten, da ein Erdrutsch die gesamte Piste mitgerissen hatte. Ein Bagger und ein Bulldozer waren schon zur Stelle, als wir kamen, um die Straße wieder befahrbar zu machen. Bei den Wartenden war keinerlei Stress oder Hektik zu erkennen. Zu ändern war sowieso nichts an der Situation, und die Leute erzählten mir auch, dass das auf dieser Route quasi an der Tagesordnung war.

Je mehr wir an Höhe verloren, desto häufiger wurden die Obststände am Straßenrand, an denen Bauern die besten Mangos verkauften, die ich je gegessen hatte. Und das für umgerechnet 40 Cent pro Frucht. Da wir über viele Kilometer nichts Besseres fanden, schlugen wir unsere Zelte bei anbrechender Dunkelheit an einem Schotterplatz direkt neben der Straße auf.

Am nächsten Morgen während unseres Frühstücks kam dann die Situation, auf die wir in Bolivien eigentlich schon länger gewartet hatten. Wir hatten viel über angeblich korrupte Polizisten in diesem Land gelesen. Als wir sahen, wie ein Polizeiauto auf unseren Übernachtungsplatz einbog, schauten wir uns an, und ich sagte »Ist's jetzt endlich so weit?« Der Polizist, der aus dem Auto stieg, verkörperte optisch haargenau den korrupten Gesetzeshüter, wie man ihn sich vorstellt. Die Hemdsärmel hochgekrempelt und mit einer verspiegelten Sonnenbrille im Gesicht kam er lässig auf uns zugeschlendert.

Folgende Doppelseite: Schlammige und teils extrem rutschige Pisten forderten uns, wie hier auf knapp 5000 Metern, extrem heraus. Da blieb schnell mal die Luft weg beim Hochstemmen der mehr als 350 Kilogramm.

Nach dem üblichen wortlosen Check aller Dokumente wünschte er uns eine gute Fahrt und lief ganz cool zu seinem Auto zurück. Wieder einmal der Beweis, niemanden vorab in eine Schublade zu stecken, auch wenn alles zunächst darauf hindeutet.

Von Rurrenabaque ging es auf einer abenteuerlichen Autofahrt in die Pampas, die feuchten Grassteppen am Rande des Amazonas-Regenwaldes. Wir hatten eine dreitätige Tour gebucht und wurden von einem Fahrer an der Agentur abgeholt, um dann knapp drei Stunden auf holprigen roten Straßen zum Startpunkt der Bootstour zu gelangen. Nach wenigen Kilometern auf der von Schlaglöchern übersäten Piste fuhren wir rechts ran, und unser Fahrer kramte Draht und Zange unter seinem Sitz hervor. Papa und ich mussten lachen und waren uns sicher, dass wir mit dieser Touristen-Tour einen eher bescheidenen Deal gemacht hatten. Der Fahrer kroch unter das Auto und fixierte mit dem Draht geschickt den lockeren Auspuff. Die Handgriffe sahen sehr geübt und routiniert aus, es war offensichtlich nicht das erste Mal, dass der Auspuff beinahe abgefallen war.

Nach einer knappen Stunde Autofahrt fragte mich der Fahrer irgendwann aus dem Nichts heraus, ob ich einen Führerschein hätte. Ehe ich diese Frage beantworten konnte, saß ich schon auf dem Fahrersitz. Als der Fahrer dann rechts hinten neben Papa den Sitz zurückstellte und nach wenigen Minuten zu schnarchen anfing, mussten wir beide loslachen. Am Sonntagmorgen wird nach einer vermutlich durchzechten Nacht wohl auch in Bolivien erst einmal ausgekatert.

Tief in die Pampas hinein ging es dann auf schmalen, langen Holzbooten, in denen man zu zweit nebeneinander saß. Durch das verwinkelte Flusssystem fuhren wir gut zwei Stunden lang bei glühender Mittagshitze und enormer Luftfeuchtigkeit flussaufwärts. Die Fahrt war spektakulär, da wir vom Boot aus bereits unzählige exotische Vögel zu Gesicht bekamen und zwischenzeitlich kleine Affen als Passagiere an Bord hatten, die von dem Guide mit Bananen angelockt worden waren. Als wir an der auf Stelzen stehenden Unterkunft ankamen, war das Erste, was wir sahen, ein riesiger Kaiman. Die Familie der Kaimane gehört der Ordnung der Krokodile an, mit gut zwei Metern Länge sind sie jedoch deren kleinste Vertreter. Der »Haus-Kaiman« war nahezu ständig unter der ebenfalls auf Stelzen stehenden Küche zu finden, da er dort immer mal wieder ein paar Essenreste abstauben konnte.

Am nächsten Tag ging es früh los zu einer tieferen Stelle im Flusssystem, um mit etwas Glück etwas ganz Spezielles zu erleben. Nach einigen Minuten des Wartens sahen wir die erste Flosse aus dem

Wasser ragen, woraufhin die ersten auf dem Boot voller Vorfreude ihr T-Shirt auszogen. Als wir das »Go« von unserem Guide bekamen, sprangen die jungen Wilden auf unserem Boot (inklusive Papa) ins braunrote Wasser. Bei weniger als zehn Zentimetern Sicht und der Gewissheit, dass in diesem Gewässer Kaimane und Piranhas herumschwimmen können, kostete das durchaus Überwindung. Die pinken Flussdelfine sind hier die »Chefs« der Gewässer, und jegliches andere gefährliche Getier hält sich fern, wenn die Delfine in der Nähe sind. Da dies laut Guide noch immer so war und noch nie jemand von Piranhas angeknabbert worden war, hofften wir, dass sie bei uns keine Ausnahme machen würden. Die Delfine waren ausgesprochen neugierig, schwammen geduldig um uns herum und kamen uns sehr nahe. Mich berührte einmal sogar die Schnauze eines Delfins am Knie, wobei mir glatt ein kurzer Schreckensschrei entwich.

Das Abenteuer Pampas wurde komplettiert von einem Abendessen mit selbst gefischten Piranhas und der Erkenntnis, dass über 300 Mückenstiche am Körper weniger jucken, als man denkt. Nach den drei Tagen waren Papa und ich komplett erschöpft, da wir bei den

Unterwegs auf der teilweise nur wenige Meter breiten Death Road – der sogenannten Todesstraße. Die südöstlich von La Paz gelegene rund 80 Kilometer lange Piste galt lange Zeit als gefährlichste Straße der Welt.

Neugieriger Beobachter auf dem Weg ins Amazonas Feuchtgebiet (li. oben). Der Hauskaiman unserer Unterkunft im Dschungel (li. unten). Der wohl berühmteste Fotospot auf der Death Road (Mi.).

Die besten Mangos im schwül heißen Regenwald (re. oben).
Die Drachenfrucht (Pitaya) gehört zur Familie der Kakteengewächse (Mi.).
Der Tukanvogel hat sich Reis bestellt (re. unten).

Temperaturen und der Luftfeuchtigkeit so schlecht geschlafen hatten wie selten zuvor und die Mücken einen ständig plagten. Nichtsdestotrotz war es ein einmaliges Erlebnis, das keiner von uns beiden missen möchte.

Der Rückweg aus Rurrenabaque verlief diesmal ohne Erdrutsch, und wir bogen gut eine Stunde vor Sonnenuntergang auf die berüchtigte Death Road ein. Die im spanischen »Camino a Los Yungas« genannte Schotterstraße ist weniger gefährlich und extrem, als man denken mag. An manchen Stellen geht es wirklich weit und steil hinab, jedoch sind die meisten Todesfälle, es sollen zwischen 200 und 300 gewesen sein, darauf zurückzuführen, dass die Straße vor Fertigstellung der asphaltierten Umgehung die Hauptverbindungsachse zwischen La Paz und dem Tiefland war und sich unzählige schwere Lkws und Busse die schmale Straße entlangschlängeln mussten. Eine weitere Erklärung für den Namen soll daher kommen, dass man an den steilen Abhängen hier früher unliebsame Bürger quasi auf Nimmerwiedersehen hat verschwinden lassen. Wie auch immer, die Death Road lebt heute vor allem von ihrem Mythos.

Mittlerweile ist die Straße vor allem bei Tagesausflüglern aus La Paz beliebt, die sich auf gemieteten Mountainbikes die Piste hinunterstürzen und eigentlich die größte Gefahr auf der Strecke darstellen. Kurz vor der Abenddämmerung waren die jedoch schon alle zu Hause, und wir konnten uns in Ruhe die Kurven hinaufschrauben. Nach oben zu fahren hat den Vorteil, dass auf der Death Road im Gegensatz zu Bolivien im Allgemeinen Linksverkehr herrscht. Die Erklärung hierfür ist, dass man beim Bergabfahren auf der linken Seite besser um die Kurven sieht und die früher schwer mit Gütern beladenen Fahrzeuge meist in Richtung La Paz, also bergauf unterwegs waren und damit näher an der inneren Felswand und somit am besser befestigten Teil des Weges fahren konnten. Obwohl die Death Road heute fast ausschließlich von Touristen befahren wird, gilt diese Regel weiterhin.

Eine weitere körperliche und mentale Herausforderung wartete am darauffolgenden Tag, als wir auf einer laut Google Maps guten Straße La Paz umfahren wollten. Auf iOverlander hatten wir jedoch bereits gelesen, dass die Straße noch nicht fertig sei und einer Offroad-Piste glich. Wir wollten trotzdem unser Glück versuchen. Auf über 4500 Metern verließen wir die asphaltierte Straße und bogen ab in die leicht verschneite Landschaft, auf einen matschigen Weg. Der wurde nicht besser, sondern immer nasser, schmieriger und schwieriger. Umdrehen kam irgendwie nicht in Frage, dachten wir doch, dass das Stück nicht so lang sein werde. Mir machte die herausfordernde Strecke ziemlich Spaß, und als Papa auf dem rutschigen Boden auf mich zufuhr, das Motorrad von links nach rechts schlingernd, musste ich lachen. »Probier du das doch mal mit der schweren Kiste und den abgefahrenen Reifen!«. Diese Rechtfertigung wollte ich mir nicht zweimal anhören, und im Nu waren die »Mopeds« getauscht. Zugegebenermaßen war es etwas schwieriger und unkontrollierter als mit meiner Maschine, aber die Challenge machte Spaß. Gefallen wäre ich ja sowieso weich in dem tiefen Matsch.

Durch unzählige Pfützen ging es noch einige Kilometer so dahin. Als wir ziemlich entkräftet dann endlich wieder auf eine asphaltierte Straße kamen, war uns das jedoch beiden ganz recht. Den fahrtechnischen Respekt von Papa hatte ich mir mit der Aktion jedoch nun endgültig erarbeitet.

Auf der Death Road, spanisch »Camino a Los Yungas«, herrscht im Gegensatz zum restlichen Bolivien Linksverkehr. Heute lebt die ehemals gefährlichste Straße der Welt vor allem von ihrem Mythos.

Mystisches Machu Picchu (oben). Die Anfahrt von Santa Teresa aus erschien uns gefährlicher als die Death Road selbst: Steile Abhänge und matschige Pisten erschwerten das Vorankommen (unten).

Auf den Spuren der Inkas

Peru zählt in Südamerika zu den bei Touristen beliebtesten Ländern. Egal, ob es der bekannte Rainbow Mountain ist, die Sanddünen bei Huacachina, die Nazca-Linien oder eben die Ruinenstadt Machu Picchu – Touristen findet man überall. Nach langer Überlegung entschieden wir uns doch dafür, Machu Picchu zu besuchen, sollte man sich die bekannteste aller Inka-Stätten nicht entgehen lassen, wenn man schon in Peru war. Der Weg zum UNESCO-Welterbe und einem der sieben neuen Weltwunder führte uns zuerst über traumhafte Bergpässe, mit einem neuen Höhenrekord auf 4910 Metern, auf ausgesetzten Schotterstraßen und schließlich noch zu Fuß entlang von Eisenbahnschienen bis nach Aguas Calientes, dem Dorf am Fuße des Berges Machu Picchu. Dies war nicht nur die spannendere Alternative, sondern auch die deutlich günstigere als eine Zugfahrt von Cusco aus.

Aguas Calientes ist über keine Straße, sondern nur zu Fuß oder per Eisenbahn erreichbar und ein Ort voller Gegensätze. Einerseits stark vom Tourismus geprägt und relativ teuer, andererseits eher ärmlich, werden die Waren, die hier ankommen, von durchtrainierten jungen Männern mit Handkarren im Ort verteilt. Die Anstrengung war den Jungs anzusehen, als sie schwere Holzbalken die steilen Straßen hinaufzogen oder trugen. Autos gibt es nur ganz wenige in diesem Ort.

Was es jedoch gibt, ist eine gepflasterte Straße, die sich in unzähligen Kehren die steile Flanke des Berges zur Inka-Stätte hinaufwindet. Früh am Morgen brach ich auf, um die knapp 500 Höhenmeter zu Fuß zu erklimmen. Papa wählte den entspannteren Weg und nahm den Bus, um mich oben zu treffen. Die Regensaison hatte den großen Vorteil, dass bei Weitem nicht so viele Touristen vor Ort waren wie in der Trockenzeit, weshalb wir die Tickets spontan tags zuvor kaufen konnten.

Folgende Doppelseite: Die kleine Oase Huacachina befindet sich westlich von Ica (Peru), inmitten gewaltiger Sanddünen mit für uns – nach der langen Zeit auf dem Altiplano – ungewohnt hohen Wüstentemperaturen.

Der Nachteil der Regenzeit war – genau – der Regen. Dichte Wolken hingen in den Bergflanken und versperrten uns die Sicht auf die Ruinen. Für einen kurzen Moment, keine fünf Minuten lang, lichteten sich die Wolken so weit, dass wir zumindest kurz einen freien Blick auf das gesamte Gelände hatten. Ein wirklich mystischer und gewaltiger Anblick, der sich vor uns auftat, mit den Ruinen auf diesem schmalen Bergrücken in über 2400 Metern Höhe. Ohne fortschrittliche Metallwerkzeuge erbaute das Andenvolk Mitte des 15. Jahrhunderts die Stadt, die zu ihrer Blütezeit vermutlich bis zu 1000 Einwohner zählte. Zwischen den exakt aufgestapelten Steinmauern und Häusern erstrecken sich immer wieder ebene, saftig grüne Grasflächen. Dazu kommen mehrere terrassierte Hänge, die zum Anbau von Getreide und Gemüse genutzt werden. Neben den landwirtschaftlichen Flächen und Wohnräumen gab es noch Bereiche mit Werkstätten sowie spirituelle Orte. Die meisten Erkenntnisse über diese Stätte sind jedoch nicht gesichert, da von den Inkas keine Schriften überliefert sind.

Beeindruckend war auch die Inka-Brücke, die der Armee der Inkas vermutlich als geheimer Zugang diente. Ein schmaler Weg auf gestapelten Steinen verläuft entlang einer steilen Klippe, bis man zu einer Lücke kommt, die nur überwunden werden kann, wenn von der Stadtseite her Bretter darübergelegt werden.

Auf dem Weg von Machu Picchu zur Küste bekamen wir so viele Kurven und Kehren unter die Reifen wie nie zuvor. Nach zwei Tagen Kurvenwahnsinn waren wir tatsächlich an einem Punkt angelangt, an dem wir uns über gerade Straßen freuten – wenn uns das jemand in der argentinischen Pampa erzählt hätte, hätten wir ihn vermutlich für verrückt erklärt. Als wir im heißen Nazca eintrafen, waren wir gespannt auf die mysteriösen Linien in der Wüste. Das Alter der Linien wird auf 800 v. Chr. bis 600 n. Chr. geschätzt, und ihre Zahl beläuft sich auf circa 1500. Mythenumwoben waren die Linien seit ihrer Entdeckung mit dem Aufkommen der kommerziellen Luftfahrt ab der 1920er-Jahre. Viele glaubten, die Linien wären ein Beweis für die Landung von Außerirdischen und dienten diesen als Landebahnen. Heutzutage geht man davon aus, dass sie von Mitgliedern der Nazca- und Paracas-Kultur im Zusammenhang mit Fruchtbarkeitsritualen angelegt wurden. Zu der Zeit herrschten in der

---

Aguas Calientes unterhalb von Machu Picchu, der Ausgangspunkt zur Inka-Stätte, kann nur zu Fuß oder per Bahn erreicht werden. Der Río Urubamba verwandelt sich während der Regenzeit in einen reißenden Fluss.

Gegend starke Klimaschwankungen, und die Rituale dienten vermutlich dazu, mehr Wasser und einen fruchtbareren Boden zu bekommen.

Ein Rätsel ist weiterhin, wie die Abbilder von Menschen, Affen, Vögeln, Walen und weiteren Symbolen mit Linienlängen von bis zu 20 Kilometern, sogenannte Scharrbilder, so akkurat und ohne große mathematische Kenntnisse und technische Hilfsmittel in den Sand gescharrt werden konnten.

Da die Linien von der Straße aus nicht zu sehen sind, hielten wir bei glühender Hitze an einem Aussichtsturm mitten in der Wüste. Für wenige Euro konnte man den 15 Meter hohen Turm besteigen und einige der Zeichnungen sehen, die direkt neben der Straße ihren Anfang nahmen. Da zeigte sich noch deutlicher, wie unvorstellbar es war, dass diese Symbole vor Tausenden Jahren so akkurat erstellt werden konnten und heute noch so gut erhalten sind.

Klimaveränderungen, die vermutlich ein Grund für die Erschaffung dieser Zeichnungen waren, könnten in den nächsten Jahrzehnten jedoch auch zu ihrem Verschwinden führen. Modelle zeigen für die Gegend eine Veränderung der Niederschlagsmuster mit fortschreitender Klimaerwärmung. Starke Regengüsse über längere Zeit wären für die Linien das Todesurteil.

Starken Regen gibt es in Huacachina so gut wie nie. Die Oasenstadt westlich von Ica, die um einen kleinen See angelegt ist, wird von mächtigen Sanddünen umzingelt. Wir machten uns auf viele Touristen gefasst, doch das Chaos, das sich uns hier bot, überraschte uns trotzdem. Wir trafen uns mit Becky und Shawn, zwei Kanadiern, die mit ihren Motorrädern ebenfalls Südamerika bereisten. Wir hatten uns bereits zuvor mehrmals kurz getroffen und beschlossen, dass wir einen Tag gemeinsam in Huacachina verbringen wollten. Sich endlich wieder mit anderen Reisenden zusammenzutun war wie immer sehr erfrischend. Nach einigen Flaschen Bier und einem lustigen Abend stand ich frühmorgens auf und machte mich auf den Weg zu der großen Düne vor der Haustür. Bei noch angenehmen Temperaturen spurtete ich die steile Sandflanke hoch, was anstrengender war, als ich zuerst dachte. Der Anblick, der sich mir bot, als ich oben angelangt war, entschädigte jedoch für jede Schweißperle. Ich hatte noch nie Sanddünen gesehen und war von dem Anblick dieser gewaltigen Sandberge, die sich bis zum Horizont auftürmten, dermaßen überwältigt, dass ich beinahe die aufgehende Sonne hinter mir verpasst hätte. Einmal mehr war es die unfassbare Weite, die mich sprachlos machte.

Nach meiner Rückkehr und einem ausgiebigen Frühstück liefen wir alle zusammen noch über den glühend heißen Sand, über den wenige Meter weiter Strandbuggys hinwegfegten und ihre Runden zogen. Für läppische fünf Dollar gaben wir uns dann doch dem Touri-Programm hin und ließen uns von einem verrückten Fahrer wie wild über die Dünen fahren. Besser als bei jeder Achterbahnfahrt ging es steil bergauf, in gefühlter Schwerelosigkeit über die Dünenspitze, um dann dahinter ins Nichts zu fallen. Wenn der Fahrer auch seinen Gurt angelegt hätte, wären wir vermutlich vor Bammel etwas tiefer in unsere Sitze gerutscht. Aber kein Angurten des Fahrers suggerierte uns in den Dünen Huacachinas, dass (hoffentlich) alles im grünen Bereich war.

Ungewohnt, aber durchaus reizvoll: erste Versuche beim Sandboarden in der schier unendlichen Dünenwelt nahe der Oase Haucachina (Peru).

Peru – Land der Gegensätze

Peru war für mich das Land der Gegensätze. Durchzogen von drei Klimazonen, die sich von Meereshöhe über das durchschnittlich über 3000 Meter gelegene Hochland der Anden mit ihren bis zu knapp 6800 Meter hohen Gipfeln und den peruanischen Regenwald im Norden erstreckt. Das Land dehnt sich auf einer zweieinhalbmal so großen Fläche wie Deutschland aus. Und Peru hat mit die bekanntesten Sehenswürdigkeiten Südamerikas zu bieten.

Die letzte Nacht in Bolivien campten wir am Ufer des Titicacasees, um früh am Morgen die Grenze zu überqueren. In Puno mieteten wir uns in einem Hotel ein, nicht ohne zuvor versehentlich mit unseren Motorrädern mitten durch einen riesigen Markt zu fahren. Einmal mehr hatte ich mich zu sehr auf mein Navi verlassen, das mir den direkten Weg zum Hotel anzeigte. Ehe wir uns versahen, fuhren wir durch die teils so engen Gassen des Marktes, dass wir immer wieder unsere Köpfe wegen der niedrigen Schirme einziehen und die Händler Teile ihrer Waren ein wenig auf die Seite räumen mussten, damit wir mit unseren »Dickschiffen« durchkamen. Marco war es sichtbar peinlich, und als wir anhalten mussten, weil es nicht mehr weiter ging, war die Stimmung spürbar gereizt. Ja, ich hatte mich zu sehr auf die vorgeschlagene kürzeste Route des Navis verlassen. Aber dass daraus gleich eine Grundsatzdiskussion werden würde? Ich versuchte mich zu rechtfertigen und ihm klarzumachen, dass als Hinterherfahrender leicht zu stänkern sei. Selber besser machen, schlug ich ihm vor, was er dann auch machte. Zu unserer Verwunderung regte sich niemand auf dem Markt auf. Auch hier lächelten die Menschen und schienen Fremden gegenüber zwar etwas reserviert, dennoch freundlich gesonnen zu sein. Ich versuchte, mir dieselbe Situation in Deutschland vorzustellen. Wahrscheinlich wäre das eine explosive Mischung aus schimpfenden Marktstandbetreibern, meinem strapazierten Nervenkostüm und den (überflüssigen) Ratschlägen meines Sohns gewesen: gefährlich!

Arequipa erreichten wir tags darauf bei heftigem Regen. Wir befanden uns mitten in der Regenzeit, und die Regenfälle waren meist so stark, dass das Wasser über die Gräben links und rechts der Straße schoss, diese daher oftmals eher reißenden Flüssen ähnelten und alle nicht asphaltierten Wege sich in rutschige Matschpisten verwandelten. Wir gaben daher unseren Plan zu zelten auf und mieteten uns in einem Hotel in der Altstadt ein. Nicht übermäßig komfortabel, aber der sichere Stellplatz für unsere Motorräder in der kleinen Tiefgarage des Hotels hatte wie immer Vorrang. Aus den geplanten zwei Nächten wurden dann insgesamt sechs. Marco lag das erste Mal auf unserer Reise richtig flach. Montezumas Rache hatte ihn heimgesucht. Mit Fieber, Durchfall und Erbrechen hütete er die meiste Zeit das Bett, war ein Häuflein Elend und konnte außer Tee und Suppe kaum etwas zu sich nehmen. Ich machte mir zunehmend Sorgen. Ob er sich vielleicht zwei Wochen zuvor bei unserem Pampas-Abenteuer, als wir mit den Delfinen schwimmen waren, einen Parasiten eingefangen hatte? Mit Tabletten, viel Trinken und Ruhe kam er dann wieder einigermaßen auf die Beine. Meine Sorge jedoch blieb, denn obwohl das Fieber weg war, wirkte er nicht wirklich fit, als wir Cusco erreichten. So ließen wir uns beide in der

Auf den allgegenwärtigen Märkten, wie diesem hier in Puno (Peru), wird alles angeboten, was man sich nur vorstellen kann: auch frisches Fleisch, das die Marktfrau hier auf ihrem Tisch feilbietet.

dortigen Klinik checken und nochmals mit entsprechenden Medikamenten versorgen.

Arequipa und Cusco entpuppten sich als wunderschöne alte Städte. Die alten Gebäude strahlten nostalgischen Charme aus, und ich genoss das rege, aber dennoch gelassene Treiben der Einheimischen und vorwiegend peruanischen Touristen (es war Ferienzeit in Peru) auf den zahlreichen Plätzen und Märkten. Es war exotisch und gänzlich anders als in den Städten zu Hause. Die vielen kleinen Gassen mit ihren traditionellen Handwerksbetrieben, die sich oftmals in nur wenige Meter breite Gebäudenischen drängten, waren faszinierend. Es reihten sich immer wieder dieselben Gewerke aneinander: Schneider an Schneider, dann gleich mehrere Schuster oder Zahnärzte, Friseure und weitere Handwerksbetriebe. Mich beeindruckte neben dem Umstand, was hier alles angeboten wurde, dass auch alles repariert werden konnte. Meine Motorradstiefel konnte ich ebenso für wenig Geld nähen lassen wie meine Handschuhe. Zu Hause wäre nur die Entsorgung der bereits stark beanspruchten Ausrüstungsteile geblieben.

Neben den historischen Städten, der Inka-Stätte Machu Picchu wie auch den Nazca-Linien beeindruckte mich Peru vor allem mit seinen gewaltigen, teils unfassbar weiten und planen Hochebenen, auf denen sich kilometerweit die Höhenangabe auf dem Navi nur wenige Meter bewegte. Und Peru wartete mit den beeindruckendsten Motorradstrecken auf, die mir jemals untergekommen sind. Rund 600 Kilometer lang schlängelte sich fast die gesamte Strecke von Santa Teresa bis nach Nazca Kurve an Kurve entlang gewaltiger Canyons und Berge. Mal weit gezogen, mal mit passähnlichen Abschnitten, und das meist auf hervorragendem Asphalt. Nach unzähligen Kilometern auf Sand, Schotter und Matsch genoss ich diese gefühlt nie enden wollende Kurvenorgie in vollen Zügen. Abrupt verloren wir kurz vor Nazca an Höhe, die grün-braune Vegetation des Hochlandes verschwand ebenso plötzlich, wie die Höhenangabe des Navis binnen weniger Kilometer von mehr als 3500 Metern in einen niedrigen dreistelligen Bereich fiel. Wir hatten nach rund drei Wochen auf über 3000 Metern die Anden verlassen. Außer Sand gab es nun fast nichts mehr. Gegensätzlicher konnte für uns die Fahrt entlang der Küste im Vergleich mit den letzten Wochen im Hochland kaum sein.

Nach unserer Ankunft in Lima waren ein paar Tage Ruhe angesagt. Zum einen benötigten unsere Bikes neue Reifen, die wir bei der örtlichen BMW-Niederlassung vorab bestellt hatten. Außerdem wollte Marco seine ersten Surfstunden nehmen. Während wir bei BMW darauf warteten, dass unsere Reifen montiert wurden, kamen

wir mit einem etwa 70-jährigen Peruaner ins Gespräch, der sehr gut deutsch sprach. German Fuchs wollte sich eigentlich nur kurz nach dem Liefertermin seiner neuen 1250 GS Adventure erkundigen, als er uns begegnete und spontan zum Mittagessen einlud. German war leidenschaftlicher Motorradfahrer und genoss seinen Ruhestand, den er sich nach dem Verkauf seines Optiker-Imperiums scheinbar gut leisten konnte. Wir hatten jedenfalls mit die besten Steaks auf unserer Reise, und das in einem Lokal, das wir uns selbst niemals geleistet hätten. Wieder einmal überraschte uns die Gastfreundschaft, die uns entgegengebracht wurde, obwohl wir diesen Menschen erst seit wenigen Stunden kannten.

Als wir Lima dann ein paar Tage später in nördliche Richtung verlassen wollten, nahmen wir – wie schon die Tage zuvor – die innerstädtische, vierspurige Schnellstraße. Dass diese für Motorräder eigentlich verboten war, ignorierten wir. Wir wollten uns nicht von Ampel zu Ampel durch den dichten Verkehr quälen. Doch bereits nach wenigen Kilometern wurden wir von zwei Motorrad-Cops

Große Lamaherden auf den Hochebenen Perus wirken zwar wie frei lebende Tiere, gehören aber meist Bauern, zu erkennen an den farblichen Markierungen oder an bunten Schleifen an den Ohren.

eskortiert, die uns auf die nächste Abfahrt drängten. Am Seitenstreifen der Ausfahrt erklärten uns die beiden, dass wir verbotenerweise auf dieser Schnellstraße unterwegs waren. Sie wollten uns klarmachen, dass wir sofort mit ihnen zu einem Geldautomaten fahren müssten, um unsere Strafe zu zahlen. Da ich ohnehin nicht verstand, was die beiden Polizisten mit Marco besprachen, nahm ich meinen Helm ab und zündete mir demonstrativ eine Kippe an. Als sich die Situation mehr und mehr zuspitzte, wurde es Marco irgendwann zu blöd, er stieg von seinem Motorrad ab und baute sich in voller Größe direkt neben dem kleinen Polizisten auf, der nun unangenehm seinen Kopf in den Nacken legen musste, um zu ihm aufzublicken und von ihm das offensichtliche Schmiergeld zu verlangen. Als Marco dann nachfragte, wie viel wir denn wegen unseres schlimmen Vergehens schuldig seien, und der Polizist meinte, die Strafe belaufe sich auf 200 Dollar, brachen wir beide in schallendes Gelächter aus. Das in einem Land, in dem mit peruanischen Pesos gezahlt wird und in dem das Durchschnittseinkommen gerade mal rund 400 Dollar pro Monat

Peru ist bekannt für eine große Anzahl verschiedener Kartoffelarten und Hülsenfrüchte in allen Größen und Farben, die auf den Märkten angeboten werden.

beträgt! Wieder halbwegs ernst geworden, überzeugte Marco mit seinen mittlerweile offensichtlich ausreichenden Spanischkenntnissen die Gesetzeshüter davon, dass wir nicht mehr auf die Straße fahren würden und die Situation damit geregelt sei. Wie so oft, ist viel Geduld und etwas gespielte Naivität der Schlüssel zum Erfolg, um den »hochoffiziellen« Strafen der korrupten Polizei aus dem Weg zu gehen.

Die weitere Fahrt entlang der Küste konnte gegensätzlicher zu den letzten Wochen nicht sein. Für unsere europäischen Maßstäbe war es fast nirgendwo in den bisher bereisten Ländern so wirklich sauber, aber was wir hier im Norden Perus sahen, rief Unverständnis und Entsetzen hervor. Vor oder nach jedem noch so kleinen Dorf entlang der Panamericana wurde der Müll einfach in der Landschaft rechts und links der Straße entsorgt, nicht selten dann auch angezündet. Wir fuhren mehrere Tage an schwelendem Müll entlang, dessen beißender Geruch uns schier die Luft zum Atmen nahm. Wir sahen Auto- und Mopedfahrer, die am Ortsrand einfach ihren Unrat vom Fahrzeug aus mit einem kräftigen Schwung in die Landschaft warfen, als

Ein grüner Leguan war unser einziger Mitbewohner auf dem Swiss-Wassi-Campingplatz im Norden Perus. Während wir uns am Strand erholten, tobte zu Hause der Karneval, der letzte bis dato.

sei es das normalste der Welt. Wir fuhren durch Ortschaften, in denen sich der Müll entlang der Entwässerungsgräben meterhoch stapelte und bestialisch stank. Je nachdem, welche Hauptrichtung der von der Küste her wehende Wind jeweils nahm, waren die Dörfer mal mehr südlich oder mehr nördlich davon extrem vermüllt. Der Wind tut übrigens sein Bestes, um vor allem die Unmengen an Plastiktüten, in die hier alles verpackt wird, bis weit an den Horizont des Landesinneren zu verteilen.

Nie zuvor in meinem Leben hatte ich eine so vermüllte Natur gesehen. Bei allem Respekt für die Probleme der Menschen, die hier ihr tägliches Überleben bewältigen müssen, aber das kann selbst für eine ärmere Gesellschaft und deren Politik kein akzeptabler Umgang mit der Natur sein. Dass es auch anders geht, zeigen andere arme Länder, insbesondere Ruanda in Zentralafrika, das ich bis dato als absolut sauberstes Land kennengelernt habe.

So bleibt mir neben den vielen positiven, durchaus gewaltigen Eindrücken von Natur und Kultur, Peru vor allem als das schmutzigste Land meiner bisherigen Reise in Erinnerung.

Unterwegs auf der Panamericana im Norden Perus. Rechts und links der Straße lagen gewaltige Müllberge, die nicht selten brannten und uns oftmals schier die Luft zum Atmen nahmen.

Naturparadies Galapagos

Unsere gemeinsame Zeit neigte sich dem Ende zu. Wehmütig wurde mir das bewusst, als wir die Grenze zu Ecuador überschritten, das letzte Land, das wir gemeinsam auf der Agenda hatten. Unglaublich, wie schnell diese nun knapp fünf Monate vergangen sind. Wir hatten nicht mehr viel Zeit gemeinsam, da Marco bereits seinen Rückflug von Lima aus in gut vier Wochen gebucht und die Verschiffung seines Motorrades von dort nach Hamburg organisiert hatte. Mein Sohn hatte einen Praktikumsplatz in Berlin bekommen, und somit war klar, dass wir uns in Kürze trennen mussten und für Kolumbien keine gemeinsame Zeit mehr blieb.

Die Galapagos-Riesenschildkröten erreichen Panzerlängen von bis zu 134 Zentimetern, können bis 290 Kilogramm schwer und in der Regel mehr als 100 Jahre alt werden.

Nach einem Wochenende in Guayaquil fuhren wir nach Puerto Engabao ans Meer. Wir checkten nach langer Zeit mal wieder in einem bei jungen Surfern beliebten Hostel ein.

Hostels waren auch nach der langen Zeit des Reisens für mich nicht unbedingt die erste Wahl. Nicht dass ich mich unter jungen Leuten nicht wohl fühlen würde, ganz im Gegenteil. Aber vor allem mit dem »lockeren« Umgang mit Ordnung und Hygiene, insbesondere mit den nicht selten an der Grenze zum Verderben gelagerten Lebensmitteln in den meist überfüllten Kühlschränken, hatte ich als ordnungsliebender Mensch meine Probleme. Aber die Leute dort waren cool. Und wieder einmal wurde mir bewusst, wie unüblich, wie besonders doch unsere gemeinsame Reise war. Alle der dort maximal 30 Jahre alten internationalen Gäste bewunderten unser Vorhaben. Reaktionen von »Das könnte ich mir mit meinem Vater nicht vorstellen. Der würde in seinem Alter niemals mehr in einem Zelt schlafen« bis hin zu »Das würde nie gut gehen, wir sind viel zu verschieden« machten mich stolz und vor allem dankbar, dass wir die Chance dazu erhalten und sie genutzt hatten.

Der »iguana« (Leguan) ist wohl der bekannteste Bewohner des Galapagos-Archipels. Der gelb-braune Landleguan auf dem Bild wird etwas größer als die überwiegend im Meer lebende schwarze Meerechse.

Mit Daniel, dem Hostelbesitzer der auch Surflehrer war und mit seiner schwedischen Frau und seinen beiden kleinen Kindern hier lebte, philosophierte ich über unser Abenteuer, Familie und Jobs. Dabei stellte sich heraus, dass er vor einiger Zeit eine Saison als Ranger auf Galapagos gearbeitet hatte.

Ein Glücksfall für unsere weitere Planung! Er konnte uns wertvolle Tipps für unseren Trip auf die Inseln geben. So buchten wir letztendlich nur einen Flug nach Puerto Ayora, um von dort aus dann einen »Last Minute«-Cruise auf einem, für unsere Verhältnisse äußerst luxuriösen Schiff zu buchen. Im Vorfeld diskutierten wir verschiedene Optionen, Marco wollte eigentlich deutlich weniger für Galapagos ausgeben als ich, aber mir war wichtig, dass wir entspannte Tage dort verlebten. Es war unsere letzte gemeinsame Woche, und da wir bisher alles selbst organisiert hatten, sollte die Zeit auf diesem weltweit einzigartigen Archipel das krönende Finale unserer Reise sein: mit immer demselben Führer und ohne in nicht klimatisierten Hostels absteigen und die Ausflüge selbst organisieren zu müssen.

Der männliche Galapagos-Fregattvogel bläst während der Brutzeit den roten Sack an seiner Kehle auf, um den Weibchen zu signalisieren, dass das Männchen gesund und vital und somit eine gute Wahl ist.

Während der Rotfuß-Tölpel (li. oben) der schnellste, und der Nazca-Tölpel der größte seiner Gattung ist, deckt der Blaufuß-Tölpel seine Eier mit den Füßen ab. Landleguan (li. unten).

Da der gesamte Galapagos-Archipel vulkanischen Ursprungs ist, beeindrucken die Inseln neben der vielfältigen Tier- und Pflanzenwelt vor allem durch ihre mehrfarbige, schroffe Vulkanlandschaft.

Es war Regenzeit und dementsprechend drückend und schwül, als wir auf dem Flughafen der Isla Santa Cruz landeten. Nach einer Nacht in Puerto Ayora ging es mit insgesamt zwölf Passagieren an Bord der »Bonita«. Als wir die klimatisierte Kabine betraten, wusste ich sofort, dass es die richtige Entscheidung war. Die Nacht zuvor hatten wir in der schwülen Enge des Hostelzimmers kein Auge zugetan.

Das bunt gemischte Publikum versprach fünf spannende Tage. Stina aus Kopenhagen, Lars und Daniela aus Magdeburg, dann ein russisches Paar in meinem Alter und wir beide bildeten das europäische Gegengewicht zu den restlichen Urlaubern, alle Amerikaner. Vom Investmentbanker mit seinen beiden halbwüchsigen Kindern, einem jungen Pärchen auf Hochzeitsreise und einem älteren Ehepaar, die mich beide mit ihren langen grauen Haaren an Altachtundsechziger erinnerten. Sie waren von Mexiko aus eingeflogen, wo sie jedes Jahr seit Rentenbeginn in ihrem riesigen Wohnmobil überwinterten. Bereits nach der Begrüßung durch den Kapitän entstanden angeregte Gespräche. Wir machten uns bekannt und waren gespannt, was uns wohl auf diesen exotischen Inseln erwarten würde.

Gepunkteter Adlerrochen im glasklaren, grün schimmernden Wasser einer kleinen Lagune. Hauptmerkmale dieser Rochen sind neben den Punkten auch der spitze Kopf und lange Schwanz.

Die Galapagosinseln sind ein circa 130 Inseln umfassender Archipel vulkanischen Ursprungs im Pazifik. Sie liegen auf Höhe des Äquators rund 1000 Kilometer westlich der Küste Ecuadors und bilden eine eigenständige Provinz dieses südamerikanischen Staates. Durch die isolierte Lage konnte hier eine Vielzahl von Pflanzen- und Tierarten entstehen und überleben, die sonst nirgendwo auf der Welt vorkommt. Im Jahr 1835 besuchte Charles Darwin die Inseln und stützte sich später bei seiner Evolutionstheorie auf hier gemachte Beobachtungen.

Für Naturliebhaber sind die Inseln ein wahres Paradies auf Erden. Neben der exotischen Flora und Fauna faszinierten uns vor allem die vulkanischen Landschaftsformen und die extremen Farbkontraste.

Bereits bei unserem ersten Landgang sahen wir die wahrscheinlich bekanntesten Tiere der Inseln: die »iguanas« (Leguane). Sowohl die grau-gelben Landleguane als auch die schwarz-braunen und schlankeren Meerechsen konnten wir aus nächster Nähe beobachten. Die Tiere zeigten keine Scheu vor uns Menschen, da sie laut Juán, unserem einheimischen Guide, uns nicht als Feinde sahen. Blaufuß-, Rotfuß-, Nazca-Tölpel, Fregattvögel, Gabelschwanzmöwen, eine Galapagos-Ohreule und die Riesenschildkröten faszinierten uns bei den Landgängen ebenso wie Robben, Pinguine, Krebse oder die farbenprächtige Unterwasserwelt beim Schnorcheln. Rochen und Hammerhaie schwebten förmlich unter uns in dem glasklaren Wasser hindurch, und seltsamerweise empfand ich dabei keine Angst. Irgendwie fühlte ich mich als Teil dieser beeindruckenden Welt.

Der Kontrast der strahlend weißen Sandstrände zu den braunen und schwarzen Lavafeldern der letzten Vulkanausbrüche fesselte mich oft minutenlang an derselben Stelle. Ich konnte mich kaum satt sehen an diesem Wechselspiel.

Als wir an den Abenden vor Anker lagen, umkreisten, angelockt vom Licht und den ins Wasser geschütteten Küchenabfällen, immer wieder Galapagos-Haie unser Schiff. Aus nächster Nähe konnten wir diese pfeilschnellen Jäger beobachten.

Auf der Fahrt von der Isla Genovesa zurück zur Isla Santa Cruz kreuzte plötzlich eine Delfinschule mit mindestens 70 bis 80 Tieren unseren Weg. Der Kapitän drehte mehrere Kreise im offenen Meer, und die Delfine zogen eine beeindruckende Show im Wasser ab. Sie sprangen meterhoch nebeneinander oder sich kreuzend aus dem Wasser, eskortierten den Bug des Schiffes und beäugten uns neugierig aus dem Wasser.

Was für ein Finale unseres Abenteuers, besser hätten wir es im Vorfeld nicht planen können.

Corona changes everything

So perfekt der Abschluss unserer gemeinsamen Zeit in Südamerika mit dem Besuch der Galapagosinseln war, so unvorstellbar war das, was sich innerhalb weniger Tage, nachdem sich unsere Wege trennten, ereignen sollte. Erneut besuchten wir das Surfer-Hostel in Puerto Engabao, um uns auf den nahenden Abschied vorzubereiten. Wir wollten die vergangenen fünf Tage nochmals gemeinsam Revue passieren lassen und diverse organisatorische Dinge erledigen wie Fotos sortieren und Ausrüstungsgegenstände auf Vordermann bringen. Marco musste zurück nach Lima in Peru, da er von dort aus die Verschiffung seines »Mopeds« und seinen Heimflug organisiert hatte. Anfang April sollte er ein Praktikum in Berlin starten. Und ich plante in groben Zügen meine weitere Reise durch Ecuador und Kolumbien, um circa vier Wochen später nach Mittelamerika überzusetzen und meine Reise Richtung Alaska fortzuführen.

Am 11. März fuhren wir noch gemeinsam bis Guayaquil, um dann gegen Mittag endgültig unterschiedliche Richtungen einzuschlagen. Während Marco nach Süden abbog, ging es bei mir Richtung Nordosten nach Banjos, wo ich mich mit Stina, der dänischen Bekannten, treffen und den Trennungsschmerz verarbeiten wollte. Ja, es war in der Tat nicht einfach. Zu sehr hatte ich mich an das gemeinsame Reisen gewöhnt. Ich habe die Zeit mit Marco so sehr genossen, dass ich mir nur schwerlich vorstellen konnte, wieder alleine unterwegs zu sein. Die vielen positiven Erinnerungen an meine Zeit in Afrika verliehen mir jedoch den Antrieb, meine Reise wie geplant fortzusetzen. Ich weiß nicht, wie es gewesen wäre, wenn wir das erste halbe Jahr gemeinsam unterwegs gewesen wären. Oft hatte ich im Vorfeld versucht, mir vorzustellen, wie es wohl ohne ihn sein würde. Ich muss zugeben, dass ich manchmal Bedenken hatte, ob ich das dann noch wollte. Ob es nicht auch genug war, nach einem ganzen Jahr und den unglaublich vielen Eindrücken. Aber ernsthaft habe ich einen Abbruch nie in Erwägung gezogen. Zu sehr brannte ich darauf, weitere Länder und Kulturen kennenzulernen. Doch die Trennung war schmerzlich. Wenn alles nach Plan lief, würde ich Marco frühestens in einem guten Jahr wiedersehen.

Nach zwei Tagen, die ich mit Stina in Banjos mit Wandern und dem Besuch von Thermalquellen verbrachte, startete ich in Richtung Kolumbien. Obwohl mir Marco fehlte, genoss ich aber auch wieder das Alleinreisen. Fahren und pausieren wann und wo man wollte, ohne sich abstimmen zu müssen, keine mehr oder weniger bangen Blicke mehr in den Rückspiegel, ob der Bub ebenfalls sicher den Lkw überholen konnte und kein sich sorgen, dass nicht genügend zu essen an Bord war. Ich merkte wieder einmal, wie sehr doch väterliche Fürsorge beim eigenen Kind selbst in diesem Alter noch vorherrscht. Ich war mir sicher, dass er gut nach Lima kommen würde, aber auch hier bestand ich darauf, mindestens einmal am Tag ein Update zu bekommen, um zu wissen, ob alles okay sei.

Kurz bevor wir uns trennten, breitete sich jedoch dieses neue chinesische Virus schon massiv in Europa aus. In Südamerika war Corona bis zu diesem Zeitpunkt kaum ein Thema. Selbst die Millionenstadt Guayaquil verzeichnete nach unserer Rückkehr von Galapagos lediglich eine niedrige zweistellige Zahl an positiven Fällen. Doch das sollte sich schnell ändern. Wohl aufgeschreckt von den

Mit dem Taxi ging es an den Flughafen von Cartagena, von dort aus per Flugzeug über Bogotá und Paris nach München, um nach dieser fast 60-stündigen Odyssee endlich daheim anzukommen.

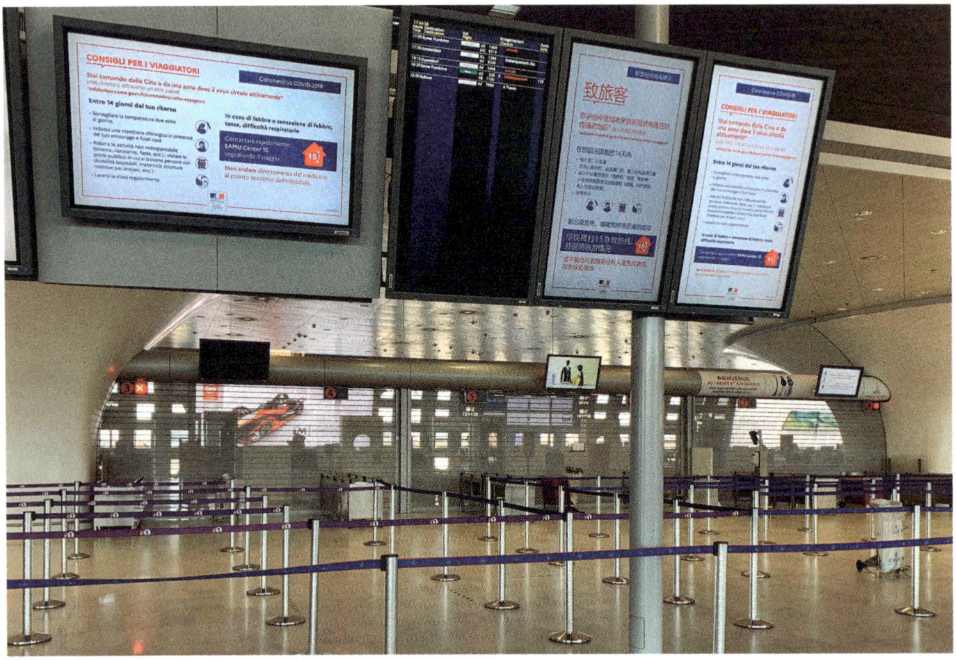

Gähnende Leere am Flughafen Charles de Gaulle in Paris (oben).
Auf der riesigen Anzeigetafel dominierten in Rot die Begriffe Annulé
bzw. Cancelled (unten).

Bildern aus Europa, vor allem Italien, sahen sich fast alle Regierungen in Lateinamerika veranlasst, unglaublich schnell und drastisch zu handeln. Innerhalb von nur wenigen Tagen wurden alle internationalen Flüge auf und vom Kontinent eingestellt. Den Anfang machte Peru, und mir war klar, dass Marco nun in Lima festsitzen würde. Bei einem Telefonat wogen wir alle möglichen Optionen ab. Irgendwie hatte ich das Bedürfnis, ebenfalls nach Peru zurückzufahren, schließlich wollte ich meinen Jungen dort nicht alleine im Lockdown wissen. Da war es wieder, dieses Fürsorge-Gefühl. Doch gemeinsam kamen wir zu dem Schluss, dass es besser wäre, ich würde meinen Weg nach Kolumbien fortsetzen, um nicht im schlimmsten Fall in Ecuador stecken zu bleiben. Das wäre die denkbar schlechteste der drei Länder-Optionen gewesen, da ich von hier aus mein Motorrad im Zweifelsfall nicht verschiffen konnte. Und wir waren beide der festen Meinung, dass sich in wenigen Tagen oder Wochen ohnehin alles wieder beruhigen würde.

Aber es kam bekanntlich anders, und die Lage verschärfte sich. Die Länder begannen, nach und nach auch die Landesgrenzen zu schließen und die innerkontinentalen Flüge auszusetzen. Die Grenze zu Kolumbien überquerte ich lediglich ein paar Stunden vor Schließung. Die fast stündlich neuen Nachrichten veranlassten mich, noch am selben Tag die Pläne ein weiteres Mal zu ändern und schnellst möglich Cartagena an der nördlichen Küste zu erreichen, um etwas flexibler bei den weiteren Planungen zu sein. In dreieinhalb Tagen raste ich förmlich die rund 1500 Kilometer durch Kolumbien Richtung Norden. Zunehmend schwieriger wurde es, eine Unterkunft zu finden. Plötzlich wurde mein Reisepass, einer der für Reisende wertvollsten weltweit, zu einer Belastung. Die örtlichen Behörden und die Polizei reagierten mehr und mehr panisch. So geschah es, dass ich nur nach langen Diskussionen ein Hotelzimmer fand, nachdem man festgestellt hatte, dass ich Deutscher bin. Aus dem willkommenen Reisenden war ein Gringo geworden, der die Seuche eingeschleppt hat, so die landläufige Meinung. Nur durch zähes Erklären und Vorzeigen der unzähligen Stempel in meinem Pass, mit denen ich nachweisen konnte, dass ich Europa verlassen hatte, bevor das Virus überhaupt irgendjemand kannte, gelang es mir in den drei Nächten, überhaupt ein Zimmer zu bekommen. In Girardot, einer kleinen Stadt südwestlich von Bogotá, wurde ich sogar von der Polizei im Hotel festgesetzt und durfte am nächsten Tag erst weiterreisen, nachdem eine Krankenschwester des örtlichen Gesundheitsamtes bei mir Fieber gemessen hatte. Zudem musste ich einen Fragebogen und eine

Erklärung unterschreiben, auf denen ich bestätigte, keine Symptome zu haben und mich auf den direkten Weg nach Cartagena zu begeben, um von dort das Land zu verlassen. So wurde mir das jedenfalls erklärt, lesen konnte ich das auf Spanisch verfasste Dokument ohnehin nicht. Aber es war mir egal, was ich da unterschrieb, Hauptsache, ich kam aus diesem gottverdammten Nest weg.

Ich konnte es kaum fassen. Ein Jahr war ich unterwegs gewesen, und selbst in Ländern wie dem Sudan konnte ich mich nach dem Grenzwechsel immer frei bewegen. Nun hatte ich von Stunde zu Stunde mehr Sorge, dass sich Gerüchte über Reiseverbote innerhalb des Landes bestätigen würden und ich im schlimmsten Fall im Landesinneren stecken bleiben würde. Das wollte ich auf keinen Fall. So umfuhr ich Polizei-/Militärsperren, wo immer es ging, einmal ignorierte ich sogar die Anhaltezeichen eines Polizisten und setzte meinen Weg unbeirrt fort, nicht ohne bange Blicke in den Rückspiegel zu werfen, ob dieser die Verfolgung aufnahm. Am Freitagmittag erreichte ich total erschöpft, aber ohne weitere Zwischenfälle Cartagena. Falls man mich fragen sollte, wie Kolumbien so ist? Keine Ahnung. Mit blieb nur in Erinnerung, dass es sehr grün war und viele Bananenplantagen meine Route säumten.

Marco saß unterdessen bereits in Lima in einem Hostel mit rund 30 weiteren Jugendlichen aller Herren Länder fest. Unbekümmert wurde dort auf der Dachterrasse Sport betrieben und Party gemacht. »Alles easy«, sagte er mir. Ich jedoch war in großer Sorge, hatte ich von einem Hostel in Cusco gehört, dass dort ein Tourist positiv auf Corona getestet und das Hostel daraufhin hermetisch abgeriegelt worden war. Selbst mit einem gültigen Flugticket durfte man die Herberge nicht mehr verlassen. Deswegen machte ich mir einmal mehr große Sorgen um die Unbekümmertheit der Jugend im Allgemeinen und meinen Sohn im Speziellen.

Das ganze Wochenende hatte ich mit Ute und Rüdi sowie Wolfgang, der ebenfalls mit dem Motorrad unterwegs war, abgewogen, wie wir weiter vorgehen sollen. Ich wollte meinen Trip nicht abbrechen. Am Samstag noch scannte ich die notwendigen Dokumente zur Verschiffung ein und schickte sie an den lokalen Spediteur, bekam jedoch bereits einen Tag später die Mitteilung, dass eine Verschiffung nicht mehr möglich sein würde. Ab Dienstag war ein von der Regierung verhängter harter Lockdown angesagt. Mein ursprünglicher Plan sowie alle Ersatzoptionen (direkt nach Kanada oder Australien) waren somit dahin. Irgendwie wollte ich nicht nach Hause, hatte ich doch Angst, dass dies das Ende meiner Reise bedeuten könnte. Erst nach eingehender gemeinsamer Beratung und einem langen Telefonat mit der Botschaft in Bogotá entschloss ich mich, gemeinsam mit den drei anderen Leidensgenossen die Rückreise zu organisieren und meine »Dicke« schweren Herzens im Hotel stehen zu lassen.

Am Dienstag, dem ersten Tag des Lockdowns, machten wir uns zu viert morgens um halb acht mit drei Taxen auf den Weg zum Flughafen in Cartagena, um den vorletzten Inlandsflug nach Bogotá zu erreichen. Zu diesem Zeitpunkt wusste ich noch nicht, dass ich eine fast 60 Stunden dauernde Odyssee mit Sonderflügen der Air France und der Lufthansa über Bogotá – Paris – München vor mir haben würde, bis ich mit Freunden, die mich für die erste Zeit bei sich unterbringen wollten, das erste anständige Bier seit fast einem Jahr in den Händen halten sollte. Erst eine Woche später kam Marco zu Hause an. Er wurde mit einem offiziellen Rückholflug der Bundesregierung aus Lima ausgeflogen.

Anfangs packte ich meine Tasche gar nicht aus, hoffte ich doch sehr, in wenigen Wochen zurück nach Kolumbien fliegen zu können, um meine Reise fortzusetzen.

Meine »Dicke« konnte ich sicher und trocken im Hotel von Lorna und Torsten einlagern. Damals habe ich nicht gedacht, dass es ein Jahr dauern würde, bis ich sie wiedersehen sollte.

Marcos Motorrad konnte gerade noch am ersten Tag des Lockdowns in Lima (Peru) im Hafen beim Zoll abgegeben und für eine spätere Verschiffung vorbereitet werden. Im September war es dann wieder daheim.

Lockdown

Bereits bei der Einreise nach Ecuador Ende Februar machte mir die Corona-Situation etwas Sorgen. Zu diesem Zeitpunkt gab es auf dem südamerikanischen Kontinent in keinem der Länder deutlich mehr als 100 Fälle. Trotzdem wurde an der Grenze bereits vor allem von den peruanischen Behörden vor dem Virus gewarnt, und die Beamten trugen schon Atemmasken und Handschuhe. Bereits auf den Galapagosinseln beobachteten wir das Infektionsgeschehen gespannt und mussten feststellen, dass die Situation immer prekärer wurde. Da ich bereits meinen Rückflug sowie den Container für mein Motorrad von Lima aus gebucht hatte, musste ich es auch dorthin schaffen. Die Sorge vor einer Schließung an der Grenze Ecuador – Peru bereitete mir einige Bedenken. Zurück in Guayaquil brachen wir früh am nächsten Morgen auf und fuhren in Richtung Grenze. Papa wollte über Quito nach Kolumbien. Also verabschiedeten wir uns nach einer letzten gemeinsamen Cola irgendwo an einer unspektakulären Stelle am Straßenrand. Ein ganz schön emotionaler Abschied, dachten wir doch immer noch, wir würden uns erst in gut einem Jahr wiedersehen, da Papa seine Weltreise über Nordamerika und Asien fortsetzen wollte. Nach ein paar verdrückten Tränen und einem großen Wink mit der linken Hand, als ich den Kreisverkehr verließ, ging es für mich nach Süden. Es stellte sich wieder dieses besondere Gefühl ein, alleine unterwegs zu sein. Als ich am selben Abend erfolgreich die peruanische Grenze überquerte, war ich mir sicher, dass die Sache nun in trockenen Tüchern war. Drei Tage, zwei einsame Zeltnächte etwas abseits der Panamericana und 1300 heiße und vor allem stinklangweilige Kilometer später war ich endlich in Lima. Ich hatte das Wochenende über Zeit, das Motorrad zu putzen und alles für die Heimreise zu organisieren. Die entspannte Stimmung im Hostel kippte etwas, als am Samstagabend bekanntgegeben wurde, dass Peru am Dienstag alle Grenzen schließen, den Flugverkehr komplett einstellen und in einen Lockdown gehen würde. Ich fuhr am Sonntag zum Flughafen in der Hoffnung, meinen für Donnerstag geplanten Flug umbuchen zu können. Jedoch sprengten die alternativen Angebote jegliches Budget und brachten mir nichts, da ich Montag noch die Verschiffung meines Motorrads zu regeln hatte. Montagfrüh traf ich mich dann mit zwei Österreichern bei unserem Spediteur. Der hatte alle Hände voll zu tun und war sich nicht sicher, ob wir überhaupt noch zum Hafen fahren könnten. Der Hinweg klappte problemlos, und auch am Hafen funktionierte die Abgabe der Motorräder einwandfrei. Auf dem Rückweg mussten wir erste Umwege in Kauf nehmen, weil das Militär bereits begonnen hatte, massive Straßensperren zu errichten – irgendwie wurde einem etwas mulmig im Magen, wenn man sah, welche Dimensionen die Maßnahmen hier annahmen.

Was folgte, waren zwei relativ entspannte Wochen in einem kleinen Hostel in Lima, in dem wir bestens versorgt wurden. Trotz des eigentlich geltenden Alkoholverbots im Lockdown war unser Kühlschrank immer erstaunlich voll. Wir, das war eine bunte Mischung von knapp 30 Personen aus aller Herren Länder, die sich prächtig verstand. Die Tage gingen mit unzähligen Runden »Vier Gewinnt«, Kletter-Challenges auf Tischen und Stühlen, Yoga-Übungen und einigen kühlen Blonden erstaunlich schnell vorbei. Als nach gut einer Woche bereits die ersten Personen mittels Rückholflügen von ihren Regierungen nach Hause geholt wurden, und immer mehr eine Zusage für einen Flug bekamen, stieg auch bei mir die Lust, heimzufliegen. Obwohl ich für den dritten Rückholflug am kommenden Tag noch keinen Anruf erhalten hatte, entschied ich mich, einfach auf gut Glück zu dem Treffpunkt der deutschen Auslandsvertretung zu fahren. Zusammen mit fünf anderen Deutschen, die eine Zusage in der Tasche hatten, brach ich frühmorgens auf. Natürlich geht immer genau dann, wenn es nicht sein soll, etwas schief, so auch jetzt. Der Keilriemen an unserem Taxi riss, und es war ungewiss, ob wir es pünktlich zum Treff schaffen würden. Der Taxifahrer war genervt, wir verzweifelt, und dann kam auch noch die Polizei angefahren. Wir befürchteten schon eine lange Diskussion, wieso wir die Ausgangssperre missachtet hatten. Doch die Polizisten packten uns vier auf die Rückbank ihres Autos und fuhren uns im Eiltempo zum Treffpunkt. Was für ein Service!

Als wir endlich angekommen waren, erfuhr ich, dass es für den Rückholflug eine Warteliste für Nachrücker gibt. Meine Ambitionen, auf gut Glück einen nicht genutzten Platz zu ergattern, wurden von einem der Diplomaten mitfühlend belächelt. Meine Hoffnungen schwanden dahin, je später es wurde. Meinen lässig dahingerufenen Spruch »Bis später im Flieger« glaubte ich langsam selbst nicht mehr.

Als die ellenlange Schlange nach mehreren Stunden endlich durch war, kam der Botschafter persönlich zu der mittlerweile gut 20-köpfigen Gruppe von Nachrückern. Zuerst folgten die auf der Warteliste, bis nur noch acht Personen übrig waren. Ich konnte es kaum fassen, als der Botschafter uns anschaute und mit einem Lächeln im Gesicht sagte: »Wir haben noch genau acht Plätze im Flugzeug«. Nach einer chaotischen Sicherheits- und Drogenkontrolle am Militärflughafen in Lima wurden wir Nachzügler als Allerletzte zur zweistöckigen Boeing 747 der Lufthansa gefahren. Als ich das Flugzeug betrat und mein Ticket vorzeigte, sagte die Stewardess »Einmal nach oben gehen bitte«, und ich konnte mein Glück kaum fassen.

Auf den unfassbar turbulenten Tag folgte ein Rückflug nach Frankfurt in der Business Class des bis auf den letzten Platz belegten Jumbo-Jets. So entspannt wie noch nie nach einem Flug stieg ich in Frankfurt aus dem Flieger und machte mich mit dem Zug auf den Weg in Richtung Heimat. In Augsburg wartete schon Papa auf mich. Er war nun doch nicht ein Jahr nach mir, sondern eine Woche vor mir zurück in Deutschland.

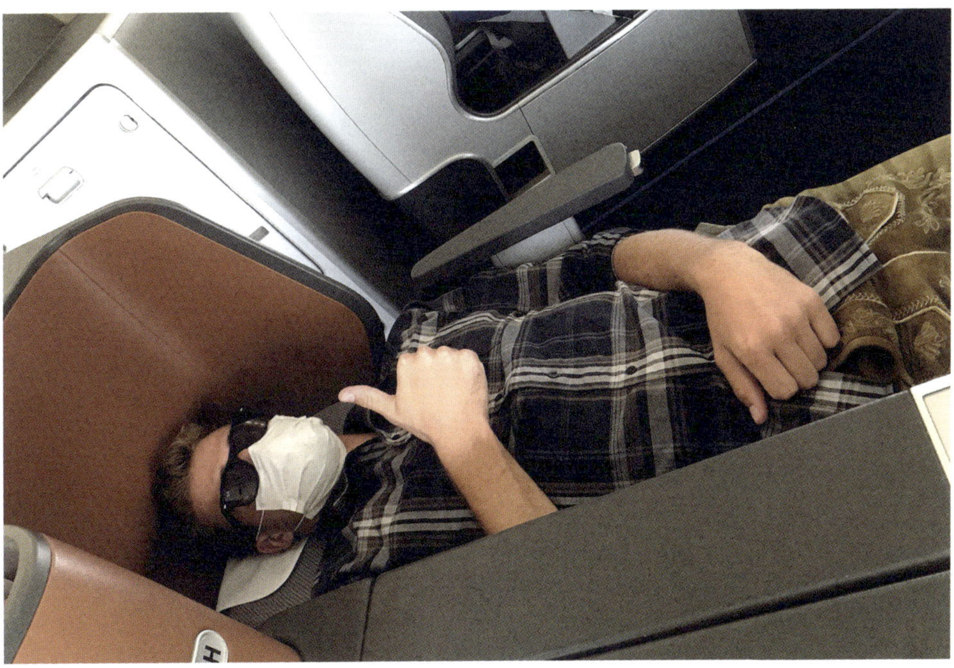

»Lucky Man«. Ohne auf der Evakuierungsliste zu stehen, konnte ich kurz vor Abflug noch ein Business-Class-Ticket für den Rückholflug der deutschen Regierung an Bord einer Lufthansa Boing 737 ergattern.

Die besten Monate meines Lebens

Mehr als ein Jahr ist es nun her, dass unsere gemeinsame Reise zu Ende ging. Und mehr als ein Jahr ist bereits vergangen, dass wir wieder zu Hause sind. Bei Marco geplant, bei mir überstürzt und ungeplant. Schon bald wurde mir klar, dass mein Traum, meine Challenge, mit meiner »Dicken« einmal über alle Kontinente die Welt zu umrunden, geplatzt war. Der Lockdown in Kolumbien dauerte bis Ende August, an eine Weiterreise war aber auch dann noch nicht zu denken, da die meisten Landesgrenzen weiterhin geschlossen blieben.

Wir organisierten die Rückholung unserer Motorräder. Marco konnte seine bereits Mitte September wieder in Empfang nehmen, bei meiner dauerte es bis März dieses Jahres, bis sie wieder in der Garage stand. Glücklicherweise war der Zustand beider Maschinen nicht so schlecht, wie wir aufgrund der langen Standzeit vermutet hatten. Auch fehlte nichts, es hat sich vor allem in meinem Fall gelohnt, die etwas teurere, aber sicherere Variante der Einlagerung in einem Hotel eines Deutschen in Cartagena zu wählen.

Allerdings ist meine Weltreise nun endgültig vorbei. Ob ich damit hadere? Ja und nein. Traurig bin ich natürlich, weil, selbst sollte ich irgendwann nochmals starten können, es nicht mehr dasselbe sein würde wie beim Beginn vor zwei Jahren.

Andererseits bin ich glücklich und dankbar, dass ich dieses eine Jahr erleben durfte. Ich habe mit Afrika den wahrscheinlich faszinierendsten Kontinent auf diesem Planeten alleine durchquert. Ich durfte gemeinsam mit meinem Sohn fünf Monate lang Südamerika erkunden. Eine Zeit, die uns nichts und niemand mehr nehmen kann. Eine Zeit, die uns auf ganz besondere Art und Weise geprägt und zusammengeführt hat. Wir sind nicht mehr nur Vater und Sohn, sondern auch auf eine ganz spezielle Art »Buddys« geworden. Für mich waren es definitiv die besten Monate meines Lebens. Wie sagte Marco im November 2018 zu mir, als wir wieder einmal gemeinsam planten und ich nebenbei erwähnte, dass diese Reise einen nicht unerheblichen Teil meiner Altersvorsorge verschlingen würde und

Auf freundliche Einheimische wie Don Fernando mit einem Freund in Peru (oben) oder außergewöhnliche Reisende wie diesen kleinen Japaner auf seinem selbst gebauten Klapprad in Argentinien (unten) trafen wir immer wieder.

dies somit zulasten seines Erbes gehen wird: »Was ist schon Geld? Das ist irgendwann mal weg, ohne bleibenden Wert. Aber von unserer Reise kann ich meinen Enkeln noch erzählen.« Welch weise Worte von einem damals gerade mal 22-Jährigen.

Eine Reise wie keine andere

Eine Reise wie keine andere. Ich bin mir sicher, dass diese Aussage definitiv für die fünf Monate gelten, die ich mit meinem Vater erleben durfte. Ich kann mich an viele Situationen und Gespräche erinnern, in denen sowohl Eltern als auch Jungs und Mädels in meinem Alter sagten, dass sie so etwas auch gerne einmal mit ihrem Kind bzw. ihrem Vater erleben würden. Welch ein Privileg, diese Chance gehabt zu haben. Und welch ein Privileg auch,

Kinder waren meist besonders begeistert von unseren schwer bepackten Motorrädern, auch wenn dieser kleine Junge an einer Tankstelle in Patagonien eher etwas skeptisch dreinschaut.

die Reise mit dem Motorrad gemacht zu haben. Aus meinem ursprünglichen Plan, Südamerika mit Rucksack und per Anhalter zu bereisen, wurde bekanntlich nichts, doch den Kontinent auf dem »Moped« zu erkunden, war definitiv eine unfassbar gute Erfahrung. Während der Zeit habe ich meinen Vater noch mal von einer ganz anderen Seite kennengelernt. Unser Verhältnis hat sich durch die Reise definitiv verändert und ist viel intensiver geworden. »Für diese Möglichkeit bin ich dir immer dankbar, Papa!« Und wie ich es schon vor drei Jahren gesagt habe, so glaube ich auch jetzt noch, dass dies eine ganz spezielle Reisegeschichte sein wird, die ich hoffentlich einmal meinen Enkeln erzählen werden kann.

Traut euch!

Eine wichtige Erkenntnis, die wir weitergeben wollen, lautet: *Seid mutig!* Seid bereit, die eigene Komfortzone zu verlassen und ein Abenteuer, gleich welcher Art, in Angriff zu nehmen. Kein vermeintlicher Luxus auf dieser Welt kann die Erfahrung einer gemeinsamen Reise – darunter das Zusammenleben rund um die Uhr, die teils unvorstellbar gigantische Natur zu erleben und Menschen verschiedenster Kulturen kennenlernen zu können – ersetzen. Das alles ist mit nichts Materiellem auf dieser Welt gleichzusetzen. Es war nicht immer einfach, aber es war's immer wert!

Der schwierigste Teil der Reise war die Entscheidung zu treffen, es zu tun. Und wenn ihr darüber ernsthaft nachdenkt, dann habt ihr die wichtigste Hürde schon genommen. Dann macht es: JETZT, denn:

IRGENDWANN ist irgendwann zu spät!

Armin und Marco Thalhofer, im Mai 2021

Ödnis pur: Die Landschaft entlang der Panamericana in Perus Norden bestand überwiegend aus Sand, Sand und noch mehr Sand.

Danke!

Danken möchten wir allen, die uns geholfen haben, diese unbeschreibliche Zeit zu ermöglichen. Allen denjenigen, von denen wir Zuspruch erhielten, die uns logistisch unterstützten, die jederzeit bei auftretenden kleineren und größeren Problemen verlässliche Ansprechpartner waren. Auch denen, die uns auf Fotos und Berichte positives Feedback gaben – das war sehr motivierend.

Besonders dankbar bin ich meinen Eltern – Marcos Großeltern –, dass wir sie nach unserer Rückkehr wieder in die Arme schließen konnten, was in ihrem hohen Alter ja nicht selbstverständlich ist. Ebenso meiner Schwester Doris und meinem Schwager Gerhard – Marcos Tante und Onkel –, die während unserer Abwesenheit vor

Momente wie diesen auf dem Salar de Uyuni zum Abklatschen hatten wir viele und ließen uns neben Vater und Sohn auch »Buddys« werden.

allem logistischer Dreh- und Angelpunkt in der Versorgung der Eltern waren. Danken möchte vor allem ich – Armin – auch Birgit und Uli sowie Eva und Moritz, die neben unzähligen Gesprächen auch meiner Post, meinen restlichen persönlichen Dingen und vor allem mir nach meiner überstürzten Rückkehr ebenso Unterschlupf gewährten wie Petra und Steff. Mehr als ein halbes Jahr gaben sie mir Kost und Logis und somit Zeit, meine weiteren Reisepläne zu überdenken, um mich letztendlich wieder in der Heimat einzufinden. Des Weiteren danke ich Barbara, die nicht nur während der Reise immer eine verlässliche Ansprechpartnerin war und mein rechtliches Back-Office ist, Danny, ohne den meine Homepage heute wahrscheinlich noch eine leere Seite mit dem Hinweis »overstrained« wäre, sowie Lexi, Andi und Harry, die die jederzeit erreichbare technische Hotline für unsere beiden Mopeds waren.

Nicht vergessen möchten wir auch all die freundlichen Menschen, die wir auf unserer Reise kennengelernt haben: Einheimische, wie auch andere Reisende, egal welchen Alters, welcher Herkunft und Hautfarbe. Durch ihre Reaktionen ist uns immer wieder bewusst geworden, wie selten, wie besonders oder gar einmalig unser gemeinsames Abenteuer war.

Last but not least geht ein großer Dank an Margit, Melanie und Petra, die unseren ersten Entwurf des Buches gelesen haben und deren positives und konstruktives Feedback maßgeblich dafür verantwortlich war, dass wir überhaupt den weiteren Weg hin zu einer Veröffentlichung gegangen sind. Ebenso möchten wir Joachim Hellmuth, Sarah Schindler und Carolin Buchberger vom Bruckmann-Verlag sowie unserer Lektorin Rosemarie Elsner ganz besonders danken. Durch euch/Sie alle hat unser Vater-Sohn-Abenteuer nun einen perfekten Abschluss bekommen!

Zwei im Einklang: nicht nur farblich,
und nicht nur auf den Galapagos-Inseln …

CRAFT
PECIALIZED

Impressum

Verantwortlich: Joachim Hellmuth, Carolin Buchberger und Sarah Schindler
Lektorat/Bildredaktion: Rosemarie Elsner
Gestaltung und Satz: BUCHFLINK Rüdiger Wagner
Korrektorat: Christiane Gsänger
Kartografie: Huber-Kartografie, Heike Block
Repro: LUDWIG:media
Umschlaggestaltung: Christopher Kunth
Herstellung: Bettina Schippel
Printed in Slovenia by Florjancic

★★★★★

Sind Sie mit diesem Titel zufrieden? Dann würden wir uns über ihre Weiterempfehlung freuen.

Erzählen Sie es im Freundeskreis, berichten Sie ihrem Buchhändler, oder bewerten Sie bei Onlinekauf.
Und wenn Sie Kritik, Korrekturen, Aktualisierungen haben, freuen wir uns über Ihre Nachricht an National Geographic Buchverlag, Postfach 40 02 09, D-08702 München oder per E-Mail an lektorat@verlagshaus.de

Unser komplettes Buchprogramm finden Sie unter:

www.nationalgeographic-buch.de

Alle Angaben dieses Werkes wurden sorgfältig recherchiert und auf den neuesten Stand gebracht sowie vom Verlag geprüft. Für die Richtigkeit der Angaben kann jedoch keine Haftung übernommen werden, weshalb die Nutzung auf eigene Gefahr erfolgt. Insbesondere bei GPS-Daten können Abweichungen nicht ausgeschlossen werden. Sollte dieses Werk Links auf Webseiten Dritter enthalten, so machen wir uns die Inhalte nicht zu eigen und übernehmen für die Inhalte keine Haftung.

In diesem Buch wird aus Gründen der besseren Lesbarkeit das generische Maskulinum verwendet. Weibliche und anderweitige Geschlechteridentitäten werden dabei ausdrücklich mitgemeint, soweit es für die Aussage erforderlich ist.

Bildnachweis: Alle Bilder auf dem Umschlag und im Innenteil © Armin und Marco Thalhofer

Die Deutsche Nationalbibliothek verzeichnet diese Publikation in der Deutschen Nationalbibliografie; detaillierte bibliografische Daten sind im Internet über http://dnb.d-nb.de abrufbar.

2. Auflage 2022

Lizenznehmer von: National Geographic Partners, LLC
This edition is published by NG Buchverlag GmbH through licensing agreement with National Geographic Partners, LLC.

ISBN 978-3-86690-817-8

Seit ihrer Gründung 1888 hat sich die National Geographic Society weltweit an mehr als 14 000 Expeditionen, Forschungs- und Schutzprojekten beteiligt. Die Gesellschaft erhält Fördermittel von National Geographic Partners LLC, unterstützt unter anderem durch Ihren Kauf. Ein Teil der Einnahmen dieses Buches hilft uns bei der lebenswichtigen Arbeit zur Bewahrung unserer Welt. Das legendäre NATIONAL GEOGRAPHIC Magazin erscheint monatlich. Darin veröffentlichen namhafte Fotografen ihre Bilder und renommierte Autoren berichten aus nahezu allen Wissensgebieten der Welt. National Geographic im TV ist ein Premium Dokumentations-Sender, der ein informatives und unterhaltsames Programm rund um die Themen Wissenschaft, Technik, Geschichte und Weltkulturen bereithält. Falls Sie mehr über National Geographic wissen wollen, besuchen Sie unsere Website unter www.nationalgeographic.de.

Ebenfalls erhältlich

978-3-86690-787-4

978-3-86690-785-0

978-3-86690-677-8

978-3-86690-785-0

Karibisches Meer
Barranquilla
Cartagena
Maracaibo
Valencia
Caracas
VENEZUELA
Medellin
Bogota
Ibague
Girardot
Cali
KOLUMBIEN
Isla del Coco
Pico da Neblina
3014
Galapagosinseln
Bella Vista
Isabela
Santa Cruz
Pasto
Rio Negro
Quito
Chimborazo
6267
ECUADOR
Guayaquil
San Agustin
Japurá
Putumayo
Puerto Engabao
Cuenca
Sullana
Piura
Marañón
Amazonas
Chiclayo
Juruá
Purus
Trujillo
Chimbote
Huascarán
6768
Panamericana
Lima
Machu Pichu
Huacachina
Cuzco
PAZIFISCHER
Aguas Calientes
Rurrenabaque
Guapore
Ica
Nazca
6425
Titicacasee
Death Road
Nudo Coropun
Puno
Coroico
Illimani
6462
Arequipa
La Paz
OZEAN
Oruro
Santa C
Uyuni
Salta
N
0
500 km
Islas Desaventuradas
Ojos del Salado
6863